1

Politik & Co.

Politik – Wirtschaft für das Gymnasium

Niedersachsen

neu

herausgegeben
von Hartwig Riedel

Band 1
für die Jahrgangsstufe 8

unter Beratung von
Kersten Ringe

bearbeitet von
Erik Müller
Hartwig Riedel
Kersten Ringe

C.C.Buchner Bamberg

Politik & Co. 1 neu

Politik – Wirtschaft für das Gymnasium Niedersachsen
für die Jahrgangsstufe 8
herausgegeben von Hartwig Riedel

unter Beratung von Kersten Ringe

Bearbeiter: Erik Müller
Hartwig Riedel
Kersten Ringe

1. Auflage 54321 2017 2016 2015 2014
Die letzte Zahl bedeutet das Jahr dieses Druckes.
Alle Drucke dieser Auflage sind, weil untereinander unverändert, nebeneinander benutzbar.
Dieses Werk folgt der reformierten Rechtschreibung und Zeichensetzung.

Redaktion: Simon Hameister
Grafische Gestaltung und Herstellung: Wildner + Designer GmbH, Fürth, www.wildner-designer.de
Druck- und Bindearbeiten: Stürtz GmbH, Würzburg

www.ccbuchner.de

ISBN 978-3-7661-**8847**-2

Zur Arbeit mit dem Buch

Das neue Kerncurriculum Politik – Wirtschaft stellt mit der Kompetenzorientierung die Ergebnisse von Lernprozessen in den Mittelpunkt. Wie können Schülerinnen und Schüler mit nachhaltigen Sach-, Methoden- und Urteilskompetenzen so ausgestattet werden, dass sie „politische und wirtschaftliche Mündigkeit" erlangen? Die Konzeption des Unterrichtswerkes Politik & Co. neu ermöglicht es Schülerinnen und Schülern, die zentralen Kompetenzen des Faches zu erwerben. Für Lehrerinnen und Lehrer ist das Buch eine Hilfe, um einen modernen und binnendifferenzierten Unterricht zu verwirklichen.

Zum Aufbau des Buches

Jedes Unterkapitel wurde mit Fokus auf ein **grundlegendes Basiskonzept** des neuen Kerncurriculums Politik – Wirtschaft erstellt. Die drei Basiskonzepte „Motive und Anreize", „Interaktionen und Entscheidungen" sowie „Ordnungen und Systeme" sind im **Inhaltsverzeichnis** durch Symbole gekennzeichnet. Sie dienen als Strukturierungshilfen innerhalb der Lehr-Lern-Prozesse im Unterrichtsfach Politik-Wirtschaft.

Die **Auftaktseiten** jedes Kapitels sind als ansprechende Bildcollage gestaltet. Die Aufgabenstellungen dazu dienen der **Lernstandserhebung** und der Annäherung an das Thema. Zu erwerbende **Kompetenzen werden für jedes Kapitel ausformuliert** und machen den Schülerinnen und Schülern transparent, über welches Wissen und Können sie am Ende des Kapitels verfügen sollten.

Durch die Arbeit mit dem **Materialienteil** können die Schülerinnen und Schüler die Sach-, Methoden- und Urteilskompetenzen schrittweise erwerben und sinnvoll miteinander verknüpfen. Die authentischen Quellen (Zeitungsartikel, Bilder, Karikaturen, Grafiken ...) wurden sorgfältig ausgewählt und um verständliche Autorentexte ergänzt.

Die **differenzierten Aufgabenstellungen mit klarer Zuteilung der Operatoren nach Anforderungsbereichen (siehe S. 150 f.)** ermöglichen ein selbständiges Erschließen der auf **Doppelseiten** übersichtlich präsentierten Themen. Sie beziehen sich häufig auf konkrete Problemlösungen oder Entscheidungssituationen und fördern so die Nachhaltigkeit des Lernens. **Angebote zur Binnendifferenzierung** ermöglichen es der Lehrkraft, auch heterogenen Lerngruppen gerecht zu werden. **Zusatzaufgaben** sind mit einem gekennzeichnet. **Hilfen** mit einem.

Da fachspezifische Methodenkompetenzen unabdingbar für die Erschließung des Sachwissens sind, werden sie auf deutlich hervorgehobenen **Methodenseiten** ausführlich erklärt. Sie sind immer auf konkrete Inhalte bezogen.

Die Rubrik **„Was wir wissen – Was wir können"** dient der Sicherung der Kompetenzen. Das grundlegende Sachwissen des Kapitels wird auf der Seite „Was wir wissen" für Schülerinnen und Schüler übersichtlich und verständlich zusammengefasst. Die Seite „Was wir können" beinhaltet Angebote zur Überprüfung des Sachwissens. Darüber hinaus sollen Schülerinnen und Schüler zeigen, ob Sach-, Methoden- und Urteilskompetenzen in einer konkreten Entscheidungssituation sinnvoll angewendet werden können.
Als Neuerung finden sich zu einigen Materialien in der Randspalte QR- bzw. Mediencodes, über die unterhaltsame und verständliche **Erklärfilme zu wichtigen Grundbegriffen** direkt abgerufen werden können. Den Mediencode bitte einfach auf der Seite www.ccbuchner.de in die Suchmaske eingeben und Film starten.
Ein **Glossar** zum Nachschlagen wichtiger Grundbegriffe und ein **Register** zum Auffinden von Querverweisen sind wichtige Hilfsmittel und erleichtern das selbständige Arbeiten mit dem Buch.

Inhalt

Methoden

FREIE
BILDUN
FÜR ALLE
ANGIE
ANGIE
tagesschau
Mit Herz und Verstand.
Matthias
Waldraff
Hannover zuliebe.
STEFAN
SCHOST

1

Politik vor Ort

Viele Entscheidungen in der Schule und der Gemeinde sind beeinflussbar und veränderbar – wenn du es willst. Dazu musst du natürlich deine Interessen formulieren, Farbe bekennen, dich mit anderen zusammentun und auseinandersetzen. So kannst du wünschenswerte Ziele verwirklichen oder wenigstens Veränderungen erreichen.

Kompetenzen

Am Ende dieses Kapitels solltest du Folgendes können:

- eine Definition, was unter Politik verstanden wird, formulieren
- die Aufgaben einer Gemeinde und das Zusammenwirken ihrer Organe beschreiben
- Chancen und Möglichkeiten der politischen Einflussnahme in der Gemeinde erläutern und bewerten
- die Partizipationsmöglichkeiten von Jugendlichen beurteilen
- einen kommunalen Konflikt analysieren
- beschreiben, woher die Gemeinden ihr Geld bekommen und wofür sie es ausgeben

Was weißt du schon?

- Suche dir ein Bild aus, das du mit Politik in Verbindung bringst.
- Setzt euch zu viert zusammen und erläutert jeweils, warum ihr euer Bild ausgewählt habt.
- „Politik ist ...“. Entwerft eine Definition von Politik, indem ihr den Satz „Politik ist ...“ vervollständigt.

1.1 Was ist Politik?

Politik ist ...

M 1 Politik – das geht alle an

Politik regelt das Zusammenleben der Menschen. Der Begriff Politik stammt vom griechischen Wort „polis" ab. Polis bedeutet Stadt oder Gemeinschaft. In einer polis hatten alle Bürger das Recht (und auch die Pflicht), über die Angelegenheiten der Gemeinschaft mitzubestimmen. Auch Kinder und Jugendliche können und haben das Recht dazu, Politik zu machen. Das bedeutet zwar nicht, dass sie gleich in den Bundestag gewählt werden können. Das ist erst mit 18 Jahren möglich. Und Kinder können auch nicht Mitglied in einer Partei werden. Da Politik aber nicht nur von Parteien gemacht wird, gibt es spezielle Vereine, in denen Kinder und Jugendliche Politik machen können. Denn sie dürfen und sollen mithelfen, ihre Anliegen vorzutragen und Probleme zu verändern. Hier ein paar Beispiele:

- Wenn der Skaterpark verdreckt ist, könnt ihr euch beim Bürgermeister beschweren.
- Jede Schule hat eine Schülervertretung, in der Kinder und Jugendliche die Interessen aller Schüler vertreten.
- Als Jugendlicher kannst du in Kinder- und Jugendparlamenten mitarbeiten.

In der Politik geht es um die Lösung von Problemen, die die Öffentlichkeit betreffen. Verschiedene Gruppen versuchen dabei, ihre Interessen durchzusetzen. Politik ist auch der Kampf um Macht und Einfluss.

www.kindersache.de (17.3.2009)

M 2 Politikdefinitionen

Politik heißt Macht und Konflikt. Jeder versucht seine eigenen Interessen durchzusetzen.

Politik heißt, sich in die eigenen Angelegenheiten einzumischen.

Politik ist das gemeinsame Streben nach einer gerechten Lösung.

Politik ist Problemlösen. Politik beschäftigt sich mit Problemen, die viele Menschen betreffen und für die eine einheitliche Regelung gefunden werden muss.

M 3 Konflikte lassen sich regeln

Viele Menschen denken, Politik ist kompliziert und langweilig.
Politik kann aber ganz schön spannend sein. Vor allem dann, wenn es um ein Thema geht, das einen selbst betrifft. So wie Antonio und Leyla.
Die sind verärgert, weil die Gemeinde das öffentliche Freibad, in dem sie jeden Sommer ihre Ferien verbringen, schließen will, um Kosten zu sparen. Da ihre Mitschüler auch davon betroffen sind, sprechen sie das Thema in der Klasse an. Auf einer Wandzeitung halten die Schüler Argumente für und gegen die Schließung des Freibades fest: Auf der einen Seite will die Gemeinde Gelder einsparen, um mehr in Bildung zu investieren, Schulen und Kindertagesstätten auszubauen. Auf der anderen Seite ist das Freibad in der Gemeinde und für die Schüler ein wichtiger öffentlicher Treffpunkt.

Nach der Diskussion in der Klasse entdecken einige Schüler auf dem Nachhauseweg, dass sich bereits eine Bürgerinitiative gegen die Schließung des Bades gegründet hat. Diese sammelt auf dem Marktplatz Unterschriften und diskutiert mit interessierten Bürgern. Die Klasse entschließt sich daraufhin, eine öffentliche Diskussionsrunde mit der Bürgermeisterin, einem Mitglied der Bürgerinitiative sowie zwei Schülern in der Schulaula zu veranstalten. Sie will dabei erfahren, wer über die Schließung des Freibades entscheiden darf und wer welche Position vertritt. Leyla berichtet später in der Schülerzeitung, dass die Initiative der Schüler erfolgreich war und die Gemeinde ihre Pläne zur Schließung des Freibades zurückgenommen hat.

Aufgaben

1. Politik lebt vom Mitmachen. In M 1 werden Beispiele genannt, wie man sich einmischen kann. Sammelt weitere Beispiele, wie man politisch aktiv werden kann.
2. Vergleicht eure Definition von Politik mit den Definitionen aus M 2.
3. Lest euch die Geschichte von Leyla und Antonio genau durch (M 3). Wendet dann eure eigene Definition von Politik auf diese Geschichte an.

Politik betrifft uns

M 4 Ein Konflikt in der Gemeinde Platzenhorst

Immer mehr Gemeinde- und Stadtbibliotheken müssen schließen, weil den Gemeinden das Geld fehlt.

Die Gemeinde Platzenhorst muss sparen. Wie vielen anderen Gemeinden auch, fehlt ihr das Geld, um alle kommunalen Angebote finanzieren zu können. Besonders kostspielig ist die Bibliothek, die sich der Ort seit langem leistet. Der Bürgermeister hat nun ein Sparprogramm vorgeschlagen, das auch Einschnitte bei der Bibliothek vorsieht. Die Öffnungszeiten werden kürzer, neue und aktuelle Bücher werden seltener gekauft, Comics, Tageszeitungen und Magazine ganz aus dem Programm gestrichen.

Das hat von Seiten der Eltern, aber auch der Schüler zu heftiger Kritik geführt, da sie das kulturelle Angebot sehr schätzen. Unterstützt wird der Bürgermeister aber von anderer Seite: Zum einen muss die Gemeinde dringend Parkplätze schaffen, damit die Kunden zu den Einzelhandelsgeschäften in der Innenstadt gelangen können. Diese Baumaßnahme ist nach Ansicht des Einzelhandels unverzichtbar, ansonsten müssen einige Geschäfte schließen. Zum anderen muss das Gewerbegebiet wachsen. Neue Betriebe wollen sich ansiedeln, die ja auch langfristig zu höheren Steuereinnahmen führen könnten.

Die Stimmung im Gemeinderat ist nicht ganz eindeutig, eine klare Mehrheit noch nicht absehbar. Dennoch beharrt der Bürgermeister auf seinem Sanierungskonzept.

M 5 Einmischen, aber wie?

Demonstrieren

Das Recht zu demonstrieren ist ein Grundrecht, das in Artikel 8 des Grundgesetzes (Versammlungsfreiheit) festgelegt ist. Jeder darf an einer Demonstration teilnehmen oder eine Demonstration veranstalten, sofern sie angemeldet wurde. Ziel einer Demonstration ist es, in der Öffentlichkeit Unmut oder Begeisterung für eine Sache zu zeigen: Anwohner, Passanten, Politiker und Medien nehmen eine Demonstration wahr, werden vielleicht erstmals mit einem Problem konfrontiert und es wird darüber berichtet. Für oder gegen etwas auf die Straße zu gehen, ist ein deutliches Zeichen nach außen, welchen Standpunkt man in einer Sache vertritt. Je mehr Menschen an einer Demonstration teilnehmen, desto größer ist in der Regel ihre Wirkung.

Unterschriften sammeln
Durch das Sammeln von Unterschriften wird um Unterstützung für ein Anliegen geworben. Mit der Unterschrift und der Angabe seiner Adresse zeigt man, dass man das Projekt befürwortet. Wenn jemand seine Unterschrift unter einen Aufruf setzt, ist er in der Regel von der Sache überzeugt oder aber er muss davon überzeugt werden, damit er unterschreibt. Dies kann durch Informationsstände an belebten Orten erfolgen wie z. B. auf dem Marktplatz oder vor einem beliebten Kaufhaus.

Zur Presse gehen
Ein gutes Mittel, um Öffentlichkeit für seine Belange zu schaffen, ist das Einschalten der Presse. In der Zeitung kann ein Artikel über einen Konflikt erscheinen, im Fernsehen und Radio können Beiträge darüber gesendet werden. Durch die Veröffentlichung wird bestenfalls Druck auf die Verantwortlichen ausgeübt. Sie kommen dann kaum umhin, sich mit dem Thema zu beschäftigen und Stellung zu beziehen.

Wählen gehen
Wählen ist eine wichtige Voraussetzung für die Demokratie. Auf kommunaler Ebene gilt es vor allem den Bürgermeister und den Gemeinderat zu wählen. Wahlen erfüllen viele Funktionen in einer Demokratie: Die Wähler legitimieren mit der Wahl ihre Vertreter. Sie können ihnen ein politisches Mandat und damit Macht erteilen und sie ihnen wieder entziehen.

Aufgaben

1. Analysiere den politischen Konflikt in der Gemeinde Platzenhorst (M 4). Beachte dabei, wer von diesem Konflikt betroffen ist und welche Interessen die Betroffenen haben.
2. Einmischen, aber wie? In M 5 werden verschiedene Möglichkeiten genannt, wie man auf die Politik Einfluss nehmen kann. Versetze dich in die Rolle der betroffenen Schülerinnen und Schüler und erläutere, welche Maßnahmen du ergreifen würdest.

Methode

M 6 Dimensionen des Politischen unterscheiden

Politik aus unterschiedlichen Blickwinkeln

Was ist Politik? Um zu ordnen, was man alles unter Politik verstehen kann, haben Wissenschaftler sich der englischen Sprache bedient, denn dort gibt es drei verschiedene Bezeichnungen für das Wort „Politik“: polity, policy und politics. Alle Begriffe werden im Deutschen mit „Politik“ übersetzt, doch meinen sie jeweils verschiedene Aspekte von Politik.

Policy steht für die **Inhalte** von Politik. Der Begriff policy beschreibt, was eine Partei oder Regierung erreichen oder tun will, es geht um das Programm. Dazu gehören politische Themenfelder wie Familien-, Hochschul- oder auch Außenpolitik. In der Wissenschaft werden diese Bereiche als Politikfelder bezeichnet. Untersucht man ein bestimmtes Politikfeld, z. B. die Wirtschaftspolitik, dann spricht man von policy-Analyse.
Wenn die Bürger von guter oder schlechter Politik sprechen, dann meinen sie meist die policy-Dimension der Politik. Sie loben oder kritisieren z. B. die Schulpolitik der Landesregierung.

Den **Prozess der Meinungs- und Entscheidungsfindung** bezeichnet man als **politics**. Er ist durch unterschiedliche Interessen und Akteure geprägt. Wer sich in diesem Prozess durchsetzen kann, entscheidet über die inhaltliche Ausgestaltung der Politik, bestimmt also die policy-Dimension der Politik. Der Prozess der Meinungs- und Entscheidungsfindung umfasst sowohl die Auseinandersetzung in den Medien und in der Öffentlichkeit als auch die Debatte und das Ringen in den Parlamenten. Es geht um Mehrheiten und Kompromisse und auch um die Macht, seine Meinung durchsetzen zu können. Politics bezeichnet demnach den Prozess, wie eine Entscheidung ausgehandelt wird und zustande kommt.

Der **Rahmen**, in dem dieser Prozess der Entscheidungsfindung stattfindet, wird als **polity** bezeichnet. Politische Entscheidungen werden in Institutionen getroffen, die nach bestimmten Regeln arbeiten. So beschließt der Bundestag als Institution die Gesetze. Die Art und Weise, wie Gesetze entstehen – der Gang der Gesetzgebung – ist wiederum genau festgelegt. Zur polity-Dimension gehören also auch die Grenzen, die der Politik gesetzt sind. Im Grundgesetz werden die Menschen- und Bürgerrechte garantiert. Diese Rechte dürfen durch politische Entscheidungen nicht beschränkt werden. So bildet Art. 1 des Grundgesetzes, die Garantie der Menschenwürde, einen übergeordneten Rahmen für die Politik. Auch muss sich die Politik an geltende Gesetze halten. Es geht also um Gesetze, Regeln, Werte und Verfahren. Der Gestaltungsspielraum der Politik ist deshalb nicht unbegrenzt.

Übersicht

Bezeichnung	Erscheinungsform	Merkmale	Ziel	Dimension
Policy	Programme, Inhalte, Politikfelder	Verwirklichung von Politikzielen, Inhalte von Gesetzen, Problemlösen	Gestaltung des öffentlichen Lebens	Inhalt
Politics	Interessen, Konflikte	Macht, Aushandlung, Beteiligung, Entscheidung	Durchsetzung der eigenen Interessen	Prozess
Polity	Verfassung, Gesetze, Institutionen	Entscheidungsverfahren, Regeln	Ordnung, Sicherung von Grundrechten	Rahmen

Politikdimensionen-Rallye

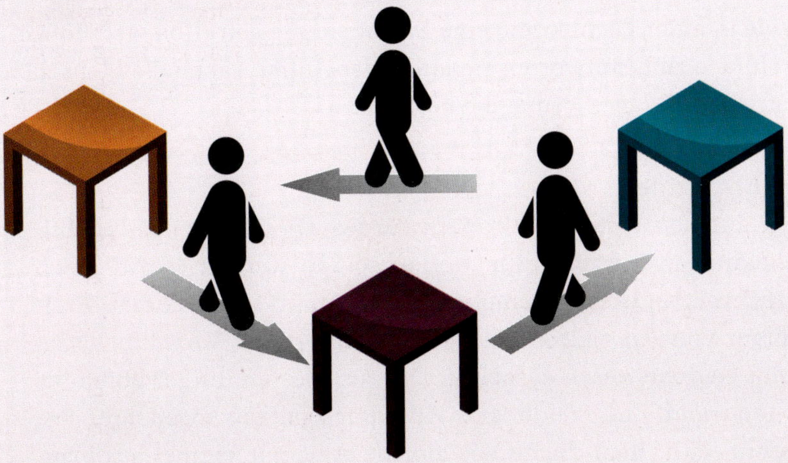

1. Infostand einer politischen Partei
2. Maßnahmen zum Hochwasserschutz
3. Debatte im niedersächsischen Landtag
4. Schüler-Demonstration vor dem Landtag in Hannover
5. Baufertigstellung der Umgehungsstraße
6. parteiinterne Diskussionen zur Bildungsreform
7. Grundgesetz
8. Durchführung einer Bildungsreform
9. Kindergeld
10. Streik
11. Bundestagswahl
12. Urheberrechtsgesetz
13. Kandidaten-Redegefecht im Fernsehen („TV-Duell")

Rallye-Regeln:

1. Die Klasse wird in drei gleich große Gruppen aufgeteilt. Jede Gruppe erhält eine Kennfarbe, z. B. rot, gelb, grün und startet an einer von drei vorbereiteten Stationen. An jeder Station befindet sich jeweils ein Auslagetisch für Präsentationskarten (oder eine magnetische Tafel oder ein Flipchart). Je eine Station steht dabei für „polity", „politics" und „policy".
2. Jede Gruppe wird mit den inhaltlich gleichen 13 Kärtchen von rechts ausgestattet, aber jede Gruppe erhält die Karten in ihrer jeweils eigenen Farbe.
3. Nachdem sich jede Gruppe an einer Station platziert hat, berät sie für fünf Minuten, welche ihrer Karten sie an der gerade aufgesuchten Station mit der Schrift nach unten liegen lassen soll, um die Politikbeispiele der jeweiligen Politikdimension richtig zuzuordnen. Nach fünf Minuten muss die Entscheidung per Gruppendiskussion gefallen sein, denn dann wird (gegen den Uhrzeigersinn) zur nächsten Station aufgerückt, wo sich der Vorgang wiederholt, bevor jede Gruppe dann nach weiteren fünf Minuten ihre verbleibenden Karten an der dritten Station ablegt.
4. Schließlich wird ausgewertet: Jede Gruppe bekommt pro richtig gelegtes Kärtchen einen Punkt. Diskutiert in der Klasse, welche Kärtchen welcher Farbe nicht richtig abgelegt wurden und sammelt die Punkte.

Nach: http://wiki.zum.de, Stichwort: Lernspiele im Sprachunterricht (24.4.2011) und http://www.sn.schule.de (24.4.2011)

Sollen wir losen? Wie in der Politik entschieden wird

M 7 Die Entscheidungsfrage

Die Frage, wie in einer Demokratie eine Entscheidung getroffen werden soll, ist nicht so einfach zu beantworten. Schon in der Antike haben die Menschen darüber gestritten, welche Lösung die beste sei.

Losentscheid

Das Los entscheidet
Das klingt auf den ersten Blick merkwürdig. Die Bürger, die wichtige Entscheidungen in der Politik treffen sollen, werden gelost? Doch in der antiken athenischen Demokratie war das Alltag. Aus dem Kreise der Bürger wurden viele wichtige Positionen in der Verwaltung, Politik und im Gerichtswesen ausgelost. Die ausgelosten Bürger übten ihr Amt aus und trafen Entscheidungen. Allerdings galt das sogenannte Iterationsverbot, d. h. man durfte das gleiche Amt nur einmal ausüben, eine zweite Amtszeit war in der Regel ausgeschlossen. Auch heute wird das Losverfahren angewandt, z. B. werden Studienplätze für junge Menschen z. T. verlost. Es gibt auch Vorschläge, man solle die Abgeordneten des Deutschen Bundestages aus der Gesamtbevölkerung auslosen. Befürworter glauben, dass durch das Losverfahren eine Zusammensetzung des Parlaments entstehen würde, welche die Bevölkerung wesentlich besser abbilden würde als durch eine Wahl. Darüber hinaus gebe es keinen Wahlkampf, der stark von den Medien geprägt und beeinflusst wird. Die Chance, in den Bundestag einzuziehen, liegen beim Losverfahren übrigens bei ungefähr 1 : 100.000.

Mario Monti, italienischer Ministerpräsident von November 2011 bis April 2013

Die Experten sollen entscheiden
Politische Probleme sind komplex. Viele Menschen fühlen sich überfordert, wenn sie z. B. über die Krise des Euro urteilen sollen. Was liegt da näher als Fachleute entscheiden zu lassen? Sie durchschauen die Komplexität der Probleme und sind in der Lage, angemessene Entscheidungen zu treffen. In Italien hatte sich nach dem Abgang von Ministerpräsident Silvio Berlusconi eine Expertenregierung etabliert. Sein Nachfolger Mario Monti war zuvor Professor für Wirtschaftswissenschaften und somit vertraut mit ökonomischen Fragestellungen. Er hatte sich ein Kabinett aus Experten zusammengestellt. Viele Kritiker lehnten die Herrschaft der Technokraten ab. Ein Argument, das immer wieder genannt wurde, ist die Tatsache, dass Experten oft unterschiedlicher Meinung sind und auch nur ihre eigenen Interessen vertreten würden. Wenn es die „technisch" richtige Lösung geben würde, dann müssten doch alle Experten zum gleichen Ergebnis kommen?

Alle sollen entscheiden

Warum braucht man überhaupt einzelne Personen, die für die gesamte Gesellschaft politische Streitfragen entscheiden? In einer direkten Demokratie gibt es solche Vertreter nicht, denn das Volk - oder besser: die abstimmungsberechtigten Bürger entscheiden über die Streitfragen selbst. In kleinen Gemeinden stimmen die Menschen über politische Streitfragen ab, in der Schweiz versammeln sie sich dazu manchmal einfach auf dem Marktplatz. Diese Form der Entscheidungsfindung kann man auch auf größere Einheiten wie Staaten übertragen. Nach Ansicht der Befürworter funktioniert das sehr gut. Viele Menschen nehmen Politik ernster, wenn sie mitbestimmen können. Bei einer Wahl von Parteien muss man das „Gesamtpaket" an politischen Ideen wählen, während man bei einzelnen Sachentscheidungen viel freier ist.

Direkte Demokratie durch Handzeichen auf einem schweizerischen Marktplatz

Die gewählten Vertreter entscheiden

Das Prinzip der Repräsentation besteht darin, dass die Bürger Vertreter wählen, die in einem Parlament verbindliche politische Entscheidungen für alle treffen. Zwischen den Wahlen sind die Abgeordneten frei, sie müssen sich aber nach Ablauf der Wahlperiode zur Wiederwahl stellen und werden deswegen die Interessen ihrer Wähler vertreten. Politische Probleme sind zu komplex, als dass man sie in eine Frage münden lassen kann, über die abgestimmt werden soll. Das ist eine zentrale Kritik der Vertreter der repräsentativen Demokratie an der direkten Demokratie. Während einer Auseinandersetzung im Parlament kann in aller Öffentlichkeit über das Problem diskutiert werden und v. a. können Kompromisse zwischen den unterschiedlichen Auffassungen gemacht werden. Dies ist bei einer direkten Abstimmung nicht möglich.

Im Deutschen Bundestag stimmen die Abgeordneten über ein Gesetz ab.

Aufgaben

1. Lest euch die unterschiedlichen Konzepte durch (M 7). Hängt dann die vier unterschiedlichen Vorschläge, wie politische Entscheidungen getroffen werden sollen, in den vier Ecken eures Klassenzimmers auf. Stellt euch dann zu dem Konzept, das euch am meisten einleuchtet.
2. Tauscht euch in eurer „Ecke" mit den anderen aus und arbeitet Argumente für eure Position heraus. Diskutiert anschließend im Plenum, welche Stärken und Schwächen die unterschiedlichen Konzepte haben.

Was wir wissen

Was ist Politik?
M 1, M 2, M 6

Dort, wo viele Menschen zusammenleben, kommt es immer wieder zu Konflikten. Die Menschen, die in einer Gesellschaft leben, haben unterschiedliche Interessen und Wertvorstellungen und dies führt zu politischem Streit. Natürlich ist nicht jeder Konflikt ein politischer Konflikt. Wenn sich zwei Nachbarn um einen Gartenzaun streiten, dann ist dies nicht von öffentlichem Interesse. Ein politischer Konflikt betrifft die Allgemeinheit viel stärker, z. B. wenn darüber entschieden werden muss, wofür die Gemeinde ihr Geld ausgeben soll oder man streitet sich, ob eine Straße gebaut werden soll oder nicht. Aufgabe der Politik ist es nicht, eine Gesellschaft ohne Konflikte zu schaffen – das würde auch niemals funktionieren –, sondern dafür zu sorgen, dass diese Konflikte gelöst werden. Es ist wichtig, dass dabei keine Gewalt angewendet wird und die Lösung des Konflikts offen und in geordneten Bahnen gesucht wird.

Einmischen, aber wie?
M 5

Um sich in der Politik Gehör zu verschaffen, haben die Menschen ganz unterschiedliche Möglichkeiten. Man kann demonstrieren oder Unterschriften sammeln und sich mit Menschen zusammen tun, die ähnlich denken, wie man selbst. Eine wichtige Rolle spielt die Presse. Wenn über ein politisches Anliegen in der Presse berichtet wird, erreicht man sehr viele Bürgerinnen und Bürger. Viele Ämter werden auf Zeit vergeben und die Menschen, die diese Ämter ausfüllen, werden gewählt. Wählen gehen ist deshalb eine wichtige Form, sich einzumischen.

Wie in der Politik entschieden wird
M 7

Politik hat die Aufgabe, Konflikte zu lösen und verbindliche Entscheidungen zu treffen, an die sich alle Bürgerinnen und Bürger dann auch halten müssen. Diese Entscheidungen werden in Gesetzestexten formuliert und verabschiedet. Es gibt aber ganz unterschiedliche Wege, wie diese Entscheidungen zu Stande kommen. In der Antike gab es Losverfahren und politische Entscheidungsträger wurden aus der Bürgerschaft per Los bestimmt. Auch heute gibt es noch Losentscheidungen, wenn beispielsweise über die Vergabe von Studienplätzen gelost wird oder im Sport, wenn es darum geht, wer beispielsweise im Fußball das Spiel eröffnen darf. Heute werden Politiker aber meist gewählt und kommen so in politische Ämter. Neben der Wahl ist es aber auch möglich, dass die Bürger selbst über ein Problem abstimmen. Diese Form der Entscheidungsfindung wird z. B. in der Schweiz praktiziert. Dort treffen sich die Bürgerinnen und Bürger z. T. noch auf den Marktplätzen, um über politische Fragen zu diskutieren und zu entscheiden. Bei Fragen, die das ganze Land betrifft, können sich die Menschen natürlich nicht versammeln. Dann stimmen sie per Wahlzettel direkt über die politische Frage ab. In der politischen Diskussion wird immer wieder der Ruf laut, Experten sollten über politische Fragen abstimmen, denn sie könnten durch ihr Fachwissen beurteilen, welche Entscheidung die richtige sei. Dagegen regt sich aber auch Widerstand, denn die Experten werden nicht durch die Bürger gewählt und entscheiden so ohne deren Zustimmung.

Was wir können

Was ist denn nun Politik?

Erstelle eine ausformulierte Definition von Politik, die dich persönlich überzeugt. Wähle dazu Begriffe aus dem Begriffsspinnennetz aus. Begründe anschließend, warum du bestimmte Begriffe ausgewählt bzw. nicht ausgewählt hast.

1.2 Mitwirkung in der Schule

Wer soll Klassensprecher werden?

M 1 Die Situation nach den Ferien

Am ersten Tag nach den Sommerferien kommt Herr Busse, der Deutschlehrer der 8c, der auch Klassenlehrer ist, pünktlich in den Unterricht. Er begrüßt die Schülerinnen und Schüler, prüft, ob alle anwesend sind, erkundigt sich, wie es ihnen nach den Ferien geht, und stellt die Inhalte für den Deutschunterricht vor. Bevor er mit dem Unterricht beginnen kann, meldet sich Silke und erinnert an die anstehenden Wahlen zum Klassensprecher bzw. zur Klassensprecherin. Der neu in die Klasse gekommene Schüler Jan wendet sofort selbstbewusst ein, dass er seine neue Mitschülerinnen und Mitschüler noch nicht kennt. Da könne er gar nicht wissen, wer für das Amt geeignet sei. Herr Busse weist die Schülerinnen und Schüler auf das streng geregelte Verfahren hin: erst die Wahl und dann der Unterricht! Im Übrigen sei die Aufgabe des Klassensprechers oder der Klassensprecherin nicht so wichtig. Wichtig sei, dass man gut untereinander auskomme und daher sei es am günstigsten, wenn Lukas sich noch einmal bereit fände, das Amt zu übernehmen. Dann könne man sich die Wahl auch sparen. Die Unterrichtszeit im kommenden Schuljahr sei äußerst knapp. Auf den Einwand von Jan geht Herr Busse gar nicht ein.

M 2 Mitwirkung in der Schule

§ 72 Allgemeines

(1) [1]Schülerinnen und Schüler wirken in der Schule mit durch:

1. Klassenschülerschaften sowie Klassensprecherinnen und Klassensprecher,

2. den Schülerrat sowie Schülersprecherinnen und Schülersprecher,

3. Vertreterinnen und Vertreter in Konferenzen, Ausschüssen und im Schulvorstand.

[2]Die Mitwirkung soll zur Erfüllung des Bildungsauftrags der Schule (§ 2) beitragen.

(2) [1]In den Ämtern der Schülervertretung sollen Schülerinnen und Schüler gleichermaßen vertreten sein. [2]Ferner sollen ausländische Schülerinnen und Schüler in angemessener Zahl berücksichtigt werden.

§ 73 Klassenschülerschaft

[1]In jeder Klasse vom 5. Schuljahrgang an (Klassenschülerschaft) werden eine Klassensprecherin oder ein Klassensprecher (Klassenvertretung), deren oder dessen Stellvertreterin oder Stellvertreter [...] gewählt.

Niedersächsisches Schulgesetz (NSchG), Stand: 16.03.2011

M 3 Kandidatenprofile

Phung ist eine sehr gute, aber auch stille Schülerin. Sie ist selten im Unterricht aktiv, schreibt aber ausschließlich Einsen und Zweien. Sie ist sehr freundlich zu allen und bekommt immer gute Noten. Sie lässt auch andere in der Klassenarbeit und von ihren Hausaufgaben abschreiben. Phung ist zwar schüchtern, kommt aber mit allen gut aus. Ihre Schwester ist die Schülersprecherin.

Philipp ist ein recht guter Schüler, der sich in allen Fächern stark beteiligt. Vor allem die Lehrer mögen Philipp, weil er sehr zuverlässig ist und den Unterricht trägt. Wenn jemand krank geworden ist, wird Philipp beauftragt, die Hausaufgaben zu übermitteln. Viele Schüler bewundern ihn, weil er im örtlichen Sportverein ein erfolgreicher Fußballspieler ist, der auch bei überregionalen Turnieren eingesetzt wird. Die Schule geht bei Philipp aber trotzdem immer vor.

Tim ist ein hervorragender Schüler in Sport und Englisch. Seine Mutter ist Amerikanerin und Tim verbringt meistens die Ferien bei Verwandten in Chicago. Er hat immer die neueste Kleidung und tolle technische Geräte, gibt aber überhaupt nicht damit an. Tim ist sehr großzügig und lädt zu seinem Geburtstag die ganze Klasse zu sich nach Hause ein. Wenn es Konflikte in der Klasse gibt, dann versucht Tim sich immer neutral zu verhalten, so kommt er mit allen gut aus.

Lea ist eine mittelmäßige Schülerin, die aber in Diskussionen und bei der Projektarbeit sehr engagiert ist. Sie kleidet sich sehr lässig und hat guten Kontakt zu den älteren Schülerinnen und Schülern. In Konfliktfällen setzt sie sich sehr entschlossen für Schwächere ein. Einige Lehrer mögen Lea nicht sehr, weil sie häufig im Unterricht Musik hört oder Zeitung liest. Es wird auch behauptet, dass Lea raucht.

Aufgaben

1. Beurteilt die Meinung des Klassenlehrers Busse (M 1) und notiert das Ergebnis.

2. Bearbeitet die folgenden Aufgaben zu M 3 nach dem Placemat-Verfahren (siehe Abbildung in Randspalte).

- a) Jeder schreibt in sein Feld, welchen der vier Klassensprecher-Kandidaten er wählen würde. Begründet eure Wahl, indem ihr die Eigenschaften notiert, die für euch wichtig sind. Notiert weitere Eigenschaften, die ein Klassensprecher eurer Auffassung nach haben sollte. Dreht das Blatt dann solange, bis alle die Notizen der anderen Gruppenmitglieder gelesen haben.
- b) Einigt euch dann in der Gruppe auf drei Eigenschaften, die ein Klassensprecher auf jeden Fall haben sollte. Diese schreibt ihr in das Mittelfeld des Blattes. Stellt das Ergebnis der Klasse vor.

Das Placemat („Platzdeckchen“)

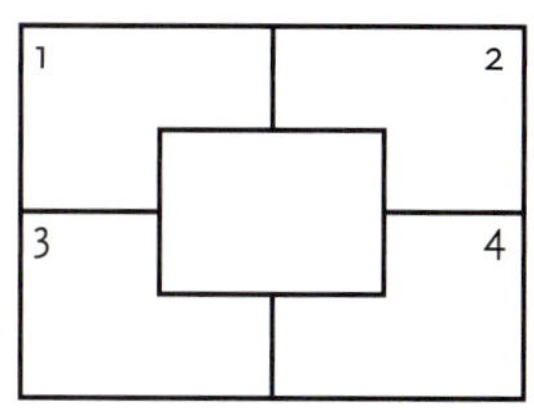

Wie wird der Klassensprecher gewählt?

M 4 Wie wird gewählt?

Die Klassensprecherwahlen werden, beginnend ab dem Ende der Sommerferien innerhalb von vier Wochen durchgeführt. Insbesondere in neu zusammengesetzten Klassen sollten sich die Schülerinnen und Schüler erst kennenlernen.

Zu den Wahlen der Klassensprecherin oder des Klassensprechers lädt mit einer Frist von einer Woche die Klassenlehrerin oder der Klassenlehrer mündlich ein.

Alle Anwesenden tragen sich in eine Anwesenheitsliste ein. Nur sie sind wahlberechtigt. Die Wahlberechtigten wählen durch Handaufheben einen Wahlvorstand, der aus einer Wahlleiterin oder einem Wahlleiter sowie einer Schriftführerin oder einem Schriftführer besteht. Die Wahlleiterin oder der Wahlleiter gibt die Wahlvorschläge bekannt, leitet die Wahlhandlung und gibt die Wahlergebnisse bekannt. Sofern keine geheime Wahl durch Stimmzettel verlangt wird, kann durch Handaufheben gewählt werden. Gewählt ist, wer die meisten Stimmen auf sich vereinigt. Stellvertretungen werden in der Reihenfolge der nächsthöchsten Stimmenzahl besetzt; in dieser Reihenfolge findet die Stellvertretung statt. Bei gleicher Stimmenzahl erfolgt eine Stichwahl. Über die Wahlversammlung wird eine Niederschrift gefertigt, die den Ablauf und die Ergebnisse der Wahlen festhält und vom Wahlvorstand zu unterzeichnen ist.

Nach: Schülerwahlverordnung des Landes Niedersachsen

M 5 Grundsätze einer fairen Wahl

1. Allgemeine Wahl: Alle Mitglieder der Gemeinschaft (Klasse, Schule, Land u. a.) sind wahlberechtigt, wenn sie die Voraussetzungen (Anmeldung, Wohnsitz, Alter) erfüllen. Niemand darf aus sozialen, politischen oder wirtschaftlichen Gründen ausgeschlossen werden.

2. Freie Wahl: Niemand darf zu einer bestimmten Wahlentscheidung gezwungen oder gedrängt werden. Nach der Wahl darf niemand wegen seiner Entscheidung benachteiligt werden.

3. Unmittelbare Wahl: Die Wähler geben ihre Stimme direkt für die Kandidaten oder Parteien ab. Es darf niemand dazwischen eingesetzt werden, z. B. Lehrer oder „Wahlmänner", die dann deine Stimme für dich weitergeben.

4. Gleiche Wahl: Alle Wahlberechtigten haben gleich viele Stimmen. Jede Stimme zählt gleich viel.

5. Geheime Wahl: Jeder muss seine Stimme so abgeben können, dass niemand anderes feststellen kann, wie er gewählt hat.

M 6 Aufgaben des Klassensprechers

Welche Aufgaben sollte die Klassensprecherin oder der Klassensprecher wahrnehmen? Was sollte der Klassensprecher nicht sein? Die Klasse 8c hat dazu eine Liste verfasst.

Der Klassensprecher

- vertritt die Interessen der Schüler der Klasse;
- gibt Anregungen, Vorschläge und Wünsche einzelner Schüler oder der ganzen Klasse an Lehrer, Schulleiter oder Elternvertreter weiter;
- trägt Beschwerden und Kritik den Lehrern oder dem Schulleiter vor;
- unterstützt einzelne Schüler in der Wahrnehmung ihrer Rechte;
- vermittelt bei Streit unter Schülern;
- vermittelt bei Schwierigkeiten zwischen Klasse und Lehrer;
- leitet die Klassenschülerversammlung und beruft sie ein;
- leitet die Diskussion und sorgt dafür, dass Beschlüsse auch ausgeführt werden;
- nimmt an den Sitzungen des Schülerrates teil und informiert die Klasse darüber;
- wirkt bei Aufgaben mit, die der Schülerrat sich selber stellt;
- …

Der Klassensprecher darf nicht

- der verlängerte Arm des Klassenlehrers sein;
- der Aufpasser in der Pause sein;
- derjenige sein, der alles alleine machen soll;
- der Streber der Klasse sein;
- derjenige sein, der alle Probleme lösen kann;
- derjenige sein, der alle Dummheiten der Klasse mitmacht;
- ein „Supergenie" sein, das alle Ideen liefern soll;
- einer sein, den man wählt und dann im Stich lässt;
- einer sein, der nur mit dem Lehrer redet, wenn er Kritik anbringen muss;
- …

Aufgaben

1. Arbeite mithilfe von M 4 heraus, wann eine Klassensprecherwahl zu erfolgen hat und wie gewählt wird.
2. Entwickelt (in Partnerarbeit) eine „Checkliste" für den Ablauf der Wahl. Die Liste sollte in der richtigen Reihenfolge der einzelnen Handlungsschritte angelegt sein. Berücksichtigt auch, worauf ihr achten müsst, damit die einzelnen Wahlrechtsgrundsätze (M 5) eingehalten sind.
3. Führt in der Klasse eine komplette Klassensprecherwahl nach dem Verfahren in M 4 durch. Es kandidieren die Schülerinnen und Schüler der 8c (Phung, Philipp, Tim, Lea).
4. Wählt aus M 6 drei Aufgaben aus, die euch besonders wichtig erscheinen, und begründet eure Entscheidung.

Wie werden die Interessen der Schülerschaft vertreten?

M 7 Mitarbeit in der Schülervertretung – Last oder Chance?

„Bist du blöd, so viel Freizeit für die Schule zu opfern!", bekomme ich oft zu hören. Ich finde es aber wichtig, meine Umwelt gestalten zu können und Dinge zu verbessern, die mich stören. Ich finde es nicht o.k., wenn man an allem rumnörgelt und dann nichts unternimmt, um etwas zu verändern. Darum habe ich beschlossen, mich in der SV zu engagieren.
Meike, 15

Nach einem halben Jahr als Schulsprecher bin ich zurückgetreten. Es hatte sich schnell herausgestellt, dass ich die ganze Arbeit alleine machen musste, obwohl wir zu dritt waren. Viele Diskussionen und endloses Geschwätz – herausgekommen ist dabei gar nichts. Schließlich habe ich dann das Handtuch geworfen.
Stefan, 18

Die SV-Arbeit bietet mir die Chance, meine Fähigkeiten zu entwickeln, mich selbst zu verwirklichen. Durch meine Position werde ich von anderen Schülerinnen und Schülern respektiert und auch von den Lehrern anerkannt. Teamfähigkeit, Organisationstalent und Durchsetzungsvermögen sind nur einige der Fähigkeiten, die man als Schulsprecher braucht.
Tao, 14

M 8 Grundlagen der Schülermitwirkung

Schülerrat
Der Schülerrat ist die Versammlung aller Klassenvertretungen. Die Schülersprecherin bzw. der Schülersprecher wird aus seiner Mitte gewählt, ebenso die Vertreter für die Fachkonferenzen, die Gesamtkonferenz sowie deren Ausschüsse.

§ 80 Mitwirkung in der Schule

(1) [1]Von den Klassenschülerschaften und dem Schülerrat sowie in Schülerversammlungen der Schule und der in den §§ 76 und 77 Abs. 1 bezeichneten organisatorischen Bereiche und Gliederungen können alle schulischen Fragen erörtert werden. [2]Private Angelegenheiten von Lehrkräften sowie von Schülerinnen und Schülern dürfen nicht behandelt werden. [3]An den Schülerversammlungen der Schule nehmen nur die Schülerinnen und Schüler vom 5. Schuljahrgang an teil […].

(2) [1]Die Vertreterinnen und Vertreter in den Konferenzen und Ausschüssen berichten dem Schülerrat oder der jeweiligen Klassenschülerschaft regelmäßig über ihre Tätigkeit. […] [3]Der Schülerrat kann den Schülerinnen und Schülern der Schule über seine Tätigkeit berichten.

(3) [1]Schülerrat und Klassenschülerschaften sind von der Schulleitung oder der zuständigen Konferenz vor grundsätzlichen Entscheidungen, vor allem über die Organisation der Schule und die Leistungsbewertung, zu hören. [2]Inhalt, Planung und Gestaltung des Unterrichts sind mit den Klassenschülerschaften zu erörtern.

(4) Schulleitung und Lehrkräfte haben dem Schülerrat und den Klassenschülerschaften die erforderlichen Auskünfte zu erteilen.

(5) [1]Die Sprecherinnen und Sprecher vertreten die Schülerinnen und Schüler gegenüber Lehrkräften, Konferenzen, Schulleitung und Schulbehörden. [2]Alle Schülervertreterinnen und Schülervertreter können von den Schülerinnen und Schülern mit der Wahrnehmung ihrer Interessen beauftragt werden.

(6) [1]Der Schülerrat kann sich unter

den Lehrkräften der Schule Beraterinnen und Berater wählen. [2]Der Schülerrat kann beschließen, dass statt dessen diese Wahl von den Schülerinnen und Schülern der Schule unmittelbar durchgeführt wird.

(7) Die Benutzung der Schulanlagen ist für die Versammlungen nach den Absätzen 1 bis 3 sowie für die Beratungen der Schülervertreterinnen und Schülervertreter gestattet.

(8) [1]Für Versammlungen und Beratungen ist im Stundenplan der Schulen wöchentlich eine Stunde, im Stundenplan der Teilzeitschulen monatlich eine Stunde, innerhalb der regelmäßigen Unterrichtszeit freizuhalten. [2]Während der Unterrichtszeit dürfen jährlich je vier zweistündige Schülerversammlungen und Schülerratssitzungen stattfinden; weitere Sitzungen während der Unterrichtszeit bedürfen der Zustimmung der Schulleitung. [3]Im übrigen finden Versammlungen und Beratungen in der unterrichtsfreien Zeit statt.

Niedersächsisches Schulgesetz (NSchG), Stand: 16.03.2011

M 9 Organisation der Schülervertretung

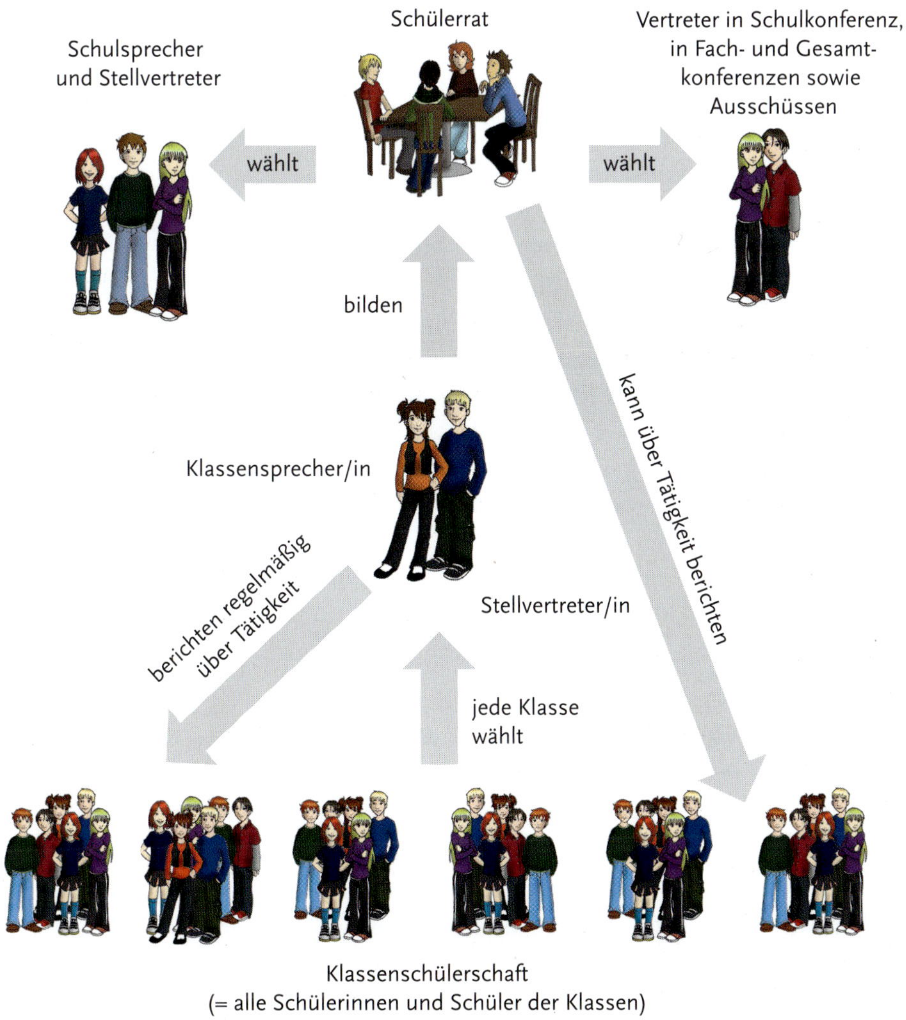

M 10 Geht das so? Konflikte in der Schule

1 Pia, die Klassensprecherin der 9 b, will in einer Verfügungsstunde über eine wichtige Sitzung des Schülerrats berichten. Frau Müller, ihre Biologie- und Klassenlehrerin, möchte aber lieber mit dem Unterricht weitermachen, da in letzter Zeit so viel Unterricht ausgefallen ist.

2 Die Kurse in der Oberstufe sind dieses Jahr komisch zusammengestellt worden. Markus, der Schülersprecher, will vom Schulleiter wissen, weshalb dies so ist. Der Schulleiter hat gerade keine Zeit und sagt nur: „Das hat schon alles seine Richtigkeit!"

3 Miriam aus der 7 c fühlt sich von ihrem Mathematiklehrer ungerecht behandelt. Jedes Mal kontrolliert er ihre Hausaufgaben, während andere nie überprüft werden. Sie wendet sich an die Schülersprecherin.

4 Die Mitglieder des Schülerrats wollen sich in der Schule treffen, um über das geplante Sommerfest und den „Charity-Walk" zu sprechen. Sie fragen den Hausmeister, ob er ihnen am Nachmittag nach dem Unterricht einen Raum zur Verfügung stellen kann. Dieser lehnt ab.

5 Johannes ist Mitglied im Schülerrat. Es wir heftig darüber diskutiert, welche Lehrer als Beraterinnen und Berater gewählt werden sollen. Johannes ist der Meinung, dass die Schüler der Schule die Berater wählen sollten und nicht der Schülerrat. Die anderen Mitglieder des Schülerrats meinen, dies sei nicht möglich.

6 Die Klassensprecherin der 7 b, Martina, ist sehr besorgt, weil sich die Eltern ihrer besten Freundin Lena scheiden lassen wollen. Als Lena nicht zum Unterricht erscheint, schlägt Martina vor, die Problematik in einer SV-Stunde zu erörtern. Jens wendet ein, dies sei nicht erlaubt.

Aufgaben

1. Nimm zu den Aussagen in M 7 Stellung.
2. Erläutere, weshalb der Schülerrat ein wichtiges Gremium für die Schülerschaft ist (M 8, M 9).
3. Überprüfe mithilfe der Auszüge aus dem niedersächsischen Schulgesetz, welche Lösungsmöglichkeiten es für die beschriebenen Konfliktfälle gibt (M 8 – M 11). Begründe deine Entscheidung in einer kurzen Beratungsnotiz.
4. Entwickelt Vorschläge, wie die Mitwirkung der Schülerinnen und Schüler sinnvoll erweitert werden kann.

zu Aufgabe 3
Arbeitet in Gruppen. Jede Gruppe bearbeitet einen Fall.

Methode

M 11 Rechtstexte verstehen

Der Aufbau von Gesetzestexten

Gesetze enthalten eine Vielzahl von Regelungen, Bestimmungen und Definitionen. Sie sind deshalb oft in einer sehr technischen und abstrakten Sprache formuliert. So unterschiedlich die Inhalte der einzelnen Gesetze sind, sie folgen doch einem einheitlichen Aufbau. Übergeordnete Abschnitte eines Gesetzes nennt man Paragrafen. Sie beginnen mit einem Paragrafenzeichen (§), sind fortlaufend nummeriert und haben eine Überschrift. Die Gliederung innerhalb der einzelnen Paragrafen erfolgt durch Absätze, zu erkennen an den Ziffern in runden Klammern. Manchmal sind auch die einzelnen Sätze innerhalb der Absätze noch nummeriert (hochgestellte Ziffern).

Schritte zum Verstehen von Gesetzestexten

- Die Überschriften der einzelnen Paragrafen geben einen Hinweis darauf, was geregelt wird.
- Für das Verständnis ist es hilfreich, immer auch die umgebenden Paragrafen zu lesen.
- Markiere zunächst dir unbekannte Begriffe und versuche, sie mithilfe eines Rechtslexikons oder des Gesetzestextes zu klären (Internettipp: http://www.bpb.de/wissen/H75VXG,0,0,Begriffe_nachschlagen.html)
- Unterscheide die Handelnden und die von einer Handlung Betroffenen.
- Welche Rechte, welche Pflichten werden erwähnt? Diese müssen auseinandergehalten werden.
- Markiere wichtige Aussagen mit einem Textmarker.

Beispiel

Niedersächsisches Schulgesetz

§ 80 Mitwirkung in der Schule

[...]

(4) Schulleitung und Lehrkräfte haben dem Schülerrat und den Klassenschülerschaften die erforderlichen Auskünfte zu erteilen.

[...]

Schülerrat = Gremium aus allen Klassensprechern und Stellvertretern
Klassenschülerschaft = alle Schüler einer Klasse

Pflicht: Wer?	Wozu?	Recht: Wer?
Schulleitung und Lehrkräfte	erforderliche Auskünfte erteilen	Schülerrat Klassenschülerschaften

Wie können Konflikte in der Klasse gelöst werden?

M 12 Wenn zwei sich streiten, ist das ein Fall für Annica

Annica ist Konfliktlotsin an ihrer Schule. Ihre Aufgabe: Streit schlichten und Frieden schaffen.

Annica ist 15 Jahre alt, sie geht in die 9. Klasse. Und manchmal kommt sie zu spät zum Unterricht. Wie andere auch. Nur: Annica darf das. Die 15-Jährige ist seit einem halben Jahr eine sogenannte Konfliktlotsin oder Mediatorin, wie es in der Fachsprache heißt. Übersetzt heißt das: Als Michael aus der 7. Klasse auf dem Schulhof seine Klassenkameraden mit „Scheiß-Ausländer" anbrüllte und dazu die Faust reckte, hatte Annica ihren ersten Fall. Sie sollte den Streit schlichten. Die Lehrer schickten die beiden Gegner zu ihr.

Annica hatte an diesem Tag im Mai Sprechstunde – im ehemaligen Erste-Hilfe-Zimmer. Jeden Tag wartet hier in der Pause ein Zweier-Team der Schlichter darauf, dass entweder zwei Streitende freiwillig kommen oder die Lehrer Druck machen. Die große Pause reichte für Michael und seinen Klassenkameraden nicht. Eine weitere Pause und eine Sitzung nach der Schule waren notwendig. Eineinhalb Stunden dauerte das Gespräch insgesamt, bis die beiden Jungs friedlich auseinandergingen – „jeder im Gefühl gewonnen zu haben", sagt Annica. „Wir haben die Lösung dann schriftlich in einem Vertrag festgehalten. Das Wichtigste ist, dass wir uns neutral verhalten.

Nach: Matthias Eggert, fluter, September 2003, S.48 f.

M 13 Fünf Schritte zur Konfliktlösung

5. Schritt: Die Lösung wird schriftlich festgehalten und von den Streitenden vertraglich besiegelt. Nach der Unterschrift reichen sich die ursprünglichen Kontrahenten zur Versöhnung die Hand.

4. Schritt: Die Streitparteien entwickeln eigene Vorschläge zur Streitlösung und verständigen sich. Nur im Notfall bzw. auf Wunsch der jeweiligen Parteien können Vorschläge auch durch die Streitschlichter erfolgen.

3. Schritt: Der Schlichter fordert die Streitenden dazu auf, die Sichtweise des jeweils anderen einzunehmen und sich in dessen Gefühle zu versetzen. Beide sollen damit Verständnis füreinander entwickeln.

2. Schritt: Jeder erhält die Gelegenheit, die eigene Sicht des Streites ausführlich darzustellen. Bei Unklarheiten kann der Streitschlichter nachfragen.

1. Schritt: Die Streitschlichter erklären den Streitenden wichtige Regeln. Dazu zählen:
- Wenn einer spricht, hört der andere ihm zu und unterbricht ihn nicht.
- Jeder sagt, was er denkt, offen und ehrlich.
- Beleidigungen sind strengstens verboten.

M 14 Wie ist das Klassenklima?

	JA	NEIN
Ich fühle mich in meiner Klasse wohl		
Mitschüler lassen mich nicht zu Wort kommen		
Was ich sage oder mache, wird ständig von Mitschüler(innen) kritisiert		
Mitschüler wollen nicht mit mir zusammenarbeiten		
Ich werde von anderen wie Luft behandelt		
Mitschüler sprechen hinter meinem Rücken schlecht über mich		
Mitschüler machen mich vor anderen lächerlich		
Jemand macht mein Aussehen oder meine Kleidung lächerlich		
Ein Mitschüler droht mir mit körperlicher Gewalt		
Ich fühle mich von meinen Lehrern ernst genommen		
Ich bin schon häufiger von meinen Lehrern unfair behandelt worden		
...		

Ergänze den Fragebogen um weitere Aussagen zur Ermittlung des Klassenklimas.

M 15 Ein Konflikt in der Klasse

Er kam früh in die Schule, ging in den Klassenraum, setzte sich an sein Pult. Dort war er relativ sicher. [...] Es waren ein paar Mädchen im Raum, aber sie ignorierten ihn, falls nicht das prustende Gelächter, das er hörte, als er sein Lesebuch herausholte, etwas mit ihm zu tun hatte. Was gab es da zu lachen? Eigentlich nichts, außer man gehörte zu den Menschen, die permanent auf etwas lauerten, worüber sie lachen konnten. Unglücklicherweise waren das seiner Erfahrung nach genau die Menschen, zu denen die meisten Kinder zählten. Sie [...] lauerten [...] auf die falsche Hose, den falschen Haarschnitt oder die falschen Turnschuhe [...]. Da er normalerweise die falschen Turnschuhe oder die falsche Hose trug und sein Haarschnitt immer falsch war, an jedem Tag der Woche, musste er sich nicht sehr anstrengen, damit sie sich über ihn totlachten.

Nick Hornby, About a Boy, übersetzt von Clara Drechsler, München 2000, S. 21 f.

Mobbing
Mobbing bedeutet, dass jemand z. B. in der Schule schikaniert, belästigt, drangsaliert, beleidigt, ausgegrenzt wird. Wenn man eine negative Handlung als Mobbing bezeichnen möchte, dann muss diese häufig und wiederholt auftreten und sich über einen längeren Zeitraum erstrecken. Das Mobbingopfer ist der Situation hilflos ausgeliefert und leidet stark unter der Situation.

Aufgaben

1. Beschreibe die Arbeit eines Konfliktlotsen (M 12).
2. Arbeite für jede Stufe heraus, welche Schwierigkeiten sich bei der Konfliktlösung ergeben könnten (M 12, M 13).
3. Ermittelt, wie das Klima in eurer Klasse derzeit ist. Führt dazu eine anonyme Umfrage durch und wertet die Ergebnisse aus (M 14).
4. Überprüfe, ob es sich in M 15 um einen Fall von Mobbing handelt.

Methode

M 16 Demokratie im Klassenzimmer – der Klassenrat

1. Klassenrat – was ist das?

Der Klassenrat ist ein Rat aller Schüler einer Klasse. Im Klassenrat können alle Fragen behandelt werden, die die Klasse betreffen: gemeinsame Projekte und Ausflüge, aktuelle Ereignisse, Konflikte, positive und negative Aspekte des Klassen- und Schullebens. Der Klassenrat ist kein Gremium, das die Interessen der Klasse „verwaltet", sondern ein lebendiges Diskussionsforum, an dem alle Mitglieder der Klasse gleichberechtigt teilnehmen. Er ist ein Instrument für mehr Demokratie in der Klasse. Der Klassenrat unterscheidet sich auch von einzelnen SV-Stunden, in denen aktuelle Fragen und Probleme besprochen werden, denn der Klassenrat findet regelmäßig statt, z. B. wöchentlich oder alle zwei Wochen.

Beispiel für eine Wandzeitung

Damit diese regelmäßigen Sitzungen gut funktionieren, müsst ihr in eurer ersten Sitzung klären, mit welcher Mehrheit (einfache Mehrheit oder z. B. 2/3 Mehrheit) ihr Beschlüsse im Klassenrat fassen wollt und ab welcher Personenzahl der Klassenrat beschlussfähig ist.

2. Wie funktioniert der Klassenrat?

Sitzung vorbereiten

Hängt im Vorfeld der Sitzung eine Wandzeitung aus, auf die jeder aus der Klasse seine Wünsche, Themen, Probleme oder Ängste notieren kann, die im Klassenrat besprochen werden sollen. Ihr müsst daraus dann eine Tagesordnung für den Klassenrat erstellen, d. h. eine Liste der Punkte, die in dieser Sitzung besprochen werden sollen. Bei Problemen in der Klasse können Wünsche auch anonym an die Vorbereitungsgruppe übergeben werden.

Sitzung durchführen

Die Sitzungen des Klassenrates finden immer im Sitzkreis statt, damit ihr offen miteinander diskutieren könnt. Der Diskussionsleiter eröffnet die Sitzung und gibt die Themen der Tagesordnung bekannt. Nun können sich alle zu den einzelnen Punkten äußern. Achtet in der Diskussion unbedingt darauf, dass die Diskussionsregeln eingehalten werden. Wenn die Diskussion beendet ist, könnt ihr über die einzelnen Punkte abstimmen.

Diskussionsregeln

- Jeder hat Rederecht.
- Jeder, der etwas im Klassenrat sagen will, muss sich melden. Führt dazu eine Rednerliste.
- Jeder darf ausreden.
- Jede Meinung muss respektiert werden.
- Es darf keine Beleidigungen und persönlichen Angriffe geben.
- Die Gesprächspartner müssen sich immer direkt ansprechen.
- Im Klassenrat sollte nicht über Abwesende gesprochen werden.

- Betroffene Schüler oder Lehrer dürfen zuerst Stellung nehmen und einen Vorschlag zur Lösung des Problems machen, bevor der Klassenrat darüber diskutiert.

Sitzung nachbereiten

Die Protokollanten sammeln die Ergebnisse der Klassenratssitzung und fertigen ein Protokoll an, das sich jeder Schüler anschauen darf. Wenn es Probleme in der Klasse oder im Unterricht gab, dann könnt ihr – auch mithilfe des Protokolls – in der folgenden Sitzung darüber sprechen, ob eure Maßnahmen, die ihr beschlossen habt, erfolgreich waren oder nicht.

Wenn ihr erste Erfahrungen mit dem Klassenrat gesammelt habt, dann solltet ihr eine Sitzung abhalten, in der ihr über Chancen, Möglichkeiten, Vor- und Nachteile des Klassenrates diskutiert.

Welche Ämter müssen für den Klassenrat besetzt werden?

Da der Klassenrat ein Rat aller Schüler einer Klasse ist, gibt es kein Amt, das immer von der gleichen Person ausgeführt wird. Jeder sollte im Laufe eines Schuljahres verschiedene Ämter ausüben. Einigt euch dabei auf Regeln, wie die Ämter verteilt werden.

- *Die Vorbereitungsgruppe:* Die Vorbereitungsgruppe wertet die Wandzeitung aus und bereitet die Tagesordnung vor.
- *Der Diskussionsleiter:* Ein Schüler aus der Vorbereitungsgruppe übernimmt die Diskussionsleitung und achtet darauf, dass die Diskussionsregeln eingehalten werden.
- *Die Zeitwächter:* Sie achten darauf, dass sich die Teilnehmer an die Redezeit halten, und sie erinnern zehn Minuten vor Ende der Stunde an die Zeit, damit ihr noch abstimmen könnt oder den Klassenrat in Ruhe beenden oder vertagen könnt.
- *Die Protokollanten:* Sie notieren die Beschlüsse des Klassenrats und fertigen zu Hause ein Protokoll an und heften es im Protokollordner ab.
- *Die Beobachter:* Sie notieren Störungen der Diskussionsregeln oder andere Probleme und bringen diese kurz vor Ende des Klassenrats zur Sprache.
- *Der Lehrer:* Er leitet zu Beginn den Klassenrat. Nach und nach übergibt er die Leitung an die Schüler. Auch der Lehrer ist Mitglied des Klassenrats und muss sich deshalb an die Diskussionsregeln halten.

Der Klassenrat entscheidet über alle Probleme und Fragen, die die Klasse betreffen.

Was wir wissen

Klassensprecher und Klassensprecherwahl
M 1 – M 6

Der Klassensprecher und sein Stellvertreter werden von jeder Klasse zu Beginn des Schuljahres innerhalb der ersten vier Wochen gewählt. Dabei sind die Grundsätze einer fairen Wahl einzuhalten. Das niedersächsische Schulgesetz weist dem Klassensprecher eine wichtige Stellung bei der Interessenvertretung der Schüler zu. Die Klassensprecher vertreten die Belange einer Klasse gegenüber Lehrern, Schulleitung und Eltern. Um über ihre Probleme und Angelegenheiten zu diskutieren, wird den Schülern während der allgemeinen Unterrichtszeit eine Wochenstunde als Schüler-Vertretungsstunde zur Verfügung gestellt. Die Klassenschülerschaft wählt auch die Vertreter in der Klassenkonferenz.

Schülervertretung
M 7 – M 9

Die Klassensprecher und ihre Stellvertreter bilden den Schülerrat, der die Mitbestimmungsrechte in der Schule ausübt. Der Schülerrat wählt aus seiner Mitte den Schülersprecher und seine Stellvertreter sowie die Vertreter im Schulvorstand in der Gesamtkonferenz und in den entsprechenden Ausschüssen. Die Klassenschülerschaften, der Schülerrat sowie die Schülerversammlungen können alle schulischen Fragen erörtern. Die Vertreterinnen und Vertreter im Schülerrat, in den Konferenzen und Ausschüssen berichten der jeweiligen Klassenschülerschaft regelmäßig über ihre Tätigkeit.

Konflikte und Konfliktlösung in der Schule
M 10 – M 15

Auch in der besten Klassengemeinschaft kommt es zu Zusammenstößen oder Konflikten. Offene Gewalt oder Mobbing können das Klima in der Klasse vergiften. Dabei lassen sich viele Konflikte entschärfen, wenn man einfache Verhaltensregeln beachtet. Pauschale Vorwürfe, Beleidigungen und Unterstellungen verhindern eine Konfliktlösung. Positiv wirkt es sich aus, wenn man respektvoll miteinander umgeht, den anderen ausreden lässt, gut zuhört und kompromissbereit ist.

Vielfach ist es sinnvoll, wenn bei schwierigen Konflikten neutrale Streitschlichter vermitteln. Sie versuchen, in Gesprächen das Problem genau zu benennen, damit die Streitparteien auf dieser Basis eine Lösung selbst erarbeiten können, die beide Seiten akzeptieren.

Der Klassenrat
M 16

Eine Form, wie Konflikte, die in der Klasse herrschen, besprochen und gelöst werden können ist der Klassenrat.

Er ist kein Gremium, das die Interessen der Klasse „verwaltet", sondern ein lebendiges Diskussionsforum, an dem alle Mitglieder der Klasse gleichberechtigt teilnehmen. Im Klassenrat können alle Fragen behandelt werden, die die Klasse betreffen: gemeinsame Projekte und Ausflüge, aktuelle Ereignisse, Konflikte, positive und negative Aspekte des Klassen- und Schullebens.

Was wir können

Begriffsreihen

1. Klassensprecher | Schülersprecher | Schulleiter | Schülerrat

2. Geheime Wahl | Meinungsumfrage | Stimmzettel | Kandidaten

3. Konflikt | Lösung | Streitschlichter | Eltern

4. Gewalt | Mobbing | Klassenklima | Pause

Aufgabe
Welcher Begriff passt nicht in die Reihe? Begründe deine Entscheidung.

Qual der Wahl

In der 8 a stehen Wahlen zum Klassensprecher an. Frau Tönnes, die Lehrerin der 8 a, gibt vor der Wahl bekannt, dass nur die Stimmen der Schülerinnen und Schüler gezählt werden, die im Fach Politik mindestens die Zeugnisnote „befriedigend" hatten. Die Stimmen derjenigen mit der Note „sehr gut" zählen doppelt. Sie schlägt vor, dass die Wahl der Einfachheit halber durch Handzeichen entschieden werden soll. Die Kandidaten werden an die Tafel geschrieben und nacheinander aufgerufen. Die Wunschkandidaten von Frau Tönnes werden mit einem kleinen Sternchen markiert. Die Lehrerin zählt dann die per Handzeichen abgegebenen Stimmen. Derjenige, der die meisten Stimmen erhalten hat, gewinnt die Wahl. Der mit der zweithöchsten Stimmenzahl wird zum Stellvertreter ernannt.

Aufgabe
Überprüft (in Partnerarbeit), welche der Wahlrechtsgrundsätze in diesem Beispiel verletzt wurden. Beschreibt, wie deren Einhaltung bei der Klassensprecherwahl sichergestellt werden kann.
Übertragt dazu die Tabelle in euer Heft.

Wahlrechtsgrundsätze	verletzt ja/nein	Begründung	Einhaltung sichern durch ...

1.3 Mitbestimmung in der Gemeinde

Ein Streitfall in der Gemeinde – Bürger mischen sich ein

M 1 Freibad-Schließung droht

Viele Gemeinden können sich teure Freibäder nicht mehr leisten.

Unabhängige Wähler-Partei fordert Schließung – Bürgerinitiative gegründet

Große Aufregung herrscht in der 15.000 Einwohner zählenden Gemeinde Oberotterlingen. Die Fraktion der Unabhängigen Wähler-Partei (UWP) hatte in der letzten Sitzung der Gemeindevertretung die Schließung des Freibads gefordert. Nun formiert sich Widerstand bei den Einwohnern.

Als letzte Woche bekannt wurde, dass das beliebte Freibad saniert werden muss und die Stadt mit Kosten in Höhe von etwa 350.000 Euro rechnet, wurde in der Sitzung der Gemeindevertretung darüber beraten, wie das finanziert werden könne. Einig waren sich die Fraktionen darüber, dass über eine Erhöhung des Eintrittspreises dieser Betrag nicht aufgebracht werden kann. Auch der Landkreis wird sich an der Sanierung nicht beteiligen.

Die Fraktionen der Gemeindevertretung brachten unterschiedliche Lösungsvorschläge in die Diskussion ein. Der Gemeindevorstand schlug vor, durch den Verkauf von städtischen Wohnhäusern den notwendigen Betrag zu beschaffen.

Die UWP würde das Freibad gerne schließen, da der Unterhalt des Bades die Stadt jedes Jahr viel Geld koste und man dies dann für andere Zwecke nutzen könne.

Die anderen Fraktionen hatten noch keine abschließende Meinung geäußert, sind der Sanierung gegenüber aber eher zurückhaltend eingestellt.

Am nächsten Tag schlossen sich mehrere Oberotterlinger zusammen und gründeten eine Bürgerinitiative zur Erhaltung des Freibades.

M 2 Die Interessen der Betroffenen

Felix Martenstein, Bürgermeister von Oberotterlingen:

„Das Freibad ist ein Freizeitmagnet für die gesamte Region. So kommen im Sommer täglich einige hundert Besucher aus den umliegenden Gemeinden in unser Freibad. Deshalb muss es erhalten bleiben. Die Sanierung könnte finanziert werden, wenn wir die Eintrittspreise erhöhen und der Bau des neuen Abenteuerspielplatzes aufgeschoben würde."

Jutta Weber-Scheuermann, UWP-Vorsitzende:

„Der Erhalt des Freibades ist seit vielen Jahren ein großes Verlustgeschäft für die Stadt. Mit dem gesparten Geld könnten andere, längst fällige Vorhaben realisiert werden. Ich denke da z. B. an die Renovierung der Schulgebäude."

Toni Sandronella, Eisdielenbesitzer: „Von der hohen Besucherzahl des Freibades profitieren auch die örtlichen Restaurants, Cafés und Biergärten. Nach dem Schwimmbadbesuch kommen viele Gäste in die zahlreichen Gastronomiebetriebe. Bei einer Schließung müssten wir mit erheblichen finanziellen Einbußen rechnen."

Naomi Kerner, Vorsitzende der Naturschutzjugend Oberotterlingen: „Natürlich hätte ich auch gerne ein Freibad in Oberotterlingen. Aber man sollte bedenken, dass die Vögel im angrenzenden Naturschutzgebiet durch das Verkehrsaufkommen und den Lärm beim Brüten erheblich gestört werden. Wozu zeichnet man ein Naturschutzgebiet aus, wenn die Natur dort doch nicht geschützt wird?"

Christina Prosinka, Gründerin der Bürgerinitiative „Pro-Freibad": „Unsere Kinder haben im Sommer keine Möglichkeit, sich zu erfrischen. Das nächste Schwimmbad ist zwanzig Kilometer entfernt, ein Freibad gibt es in der näheren Umgebung überhaupt nicht. Nachdem von der Gemeindevertretung im letzten Jahr der Plan eines kommunalen Kinos abgelehnt wurde, muss die Stadt nun endlich beweisen, dass sie nicht immer auf Kosten der Kinder und Jugendlichen sparen will."

Bürgerinitiative
Ein von Parteien und Verbänden meist unabhängiger Zusammenschluss von Bürgern, die sich zu einer Aktionsgruppe zusammenfinden, um ein gemeinsames Ziel zu verfolgen.
Meist richtet sich eine Bürgerinitiative gegen ein verkehrspolitisches Projekt (Bau einer Straße oder eines Flughafens) oder gegen die Bebauung von Naturschutzgebieten.
Im Unterschied zu politischen Parteien versuchen sie nicht, über Wahlen politische Macht zu erlangen.
Es gibt mehrere tausend Bürgerinitiativen in der Bundesrepublik Deutschland.

M 3 Ablaufmodell einer Bürgerinitiative

Phase 1
Einzelne Bürger empfinden bestehende Verhältnisse als misslich oder wollen die Verwirklichung öffentlicher Planungen verhindern.

Phase 2
Die Bürger betreiben Öffentlichkeitsarbeit: Flugblätter, Zeitungsanzeigen, Artikel in der Lokalzeitung.

Phase 3
Briefe an Verwaltung, Gemeinderat, Fraktionen und Parteien. Sie bleiben ohne Erfolg.

Phase 4
Gründung einer Bürgerinitiative (Schaffung eines organisatorischen Rahmens; Wahlen), Öffentlichkeitsarbeit, Gewinnung von Mitstreitern, Einschaltung von Experten.

Phase 5
Parteien schalten sich ein: Presseerklärungen, Anfragen an die Verwaltung.

Phase 6
Verwaltung und Mehrheitsfraktion(en) suchen nach Kompromissmöglichkeiten.

Phase 7
Mögliche Kompromisslösungen prüfen. Die Bürgerinitiative muss sich entscheiden, ob sie sich zufrieden geben und auflösen will oder eine neue Aktion einleitet.

Horst Pötzsch, Die deutsche Demokratie, 4. Aufl., Bonn 2005, S. 48

Methode

M 4 Mit einfachen Modellen arbeiten – Konflikte analysieren

Die Menschen haben unterschiedliche Interessen und Wertvorstellungen. Dort, wo viele Menschen zusammen leben, kommt es deshalb immer wieder zu Konflikten. Natürlich ist nicht jeder Konflikt ein politischer Konflikt. Wenn sich zwei Nachbarn um einen Gartenzaun streiten, dann ist dies nicht von öffentlichem Interesse. Ein politischer Konflikt betrifft die Allgemeinheit viel stärker, z. B. wenn darüber entschieden werden muss, wofür die Gemeinde ihr Geld ausgeben soll oder man sich streitet, ob eine Straße gebaut werden soll oder nicht. Aufgabe der Politik ist es, für gesellschaftliche Konflikte eine gerechte und verbindliche Lösung zu finden, die von der Mehrheit akzeptiert werden kann. Die Konfliktlösung erfolgt so in geordneten Bahnen. Es kann hilfreich sein, Konflikte in einem Modell grafisch darzustellen. Ein Modell versucht, die Wirklichkeit vereinfacht abzubilden. Dabei wird nur das Wesentliche dargestellt, auf die Darstellung unwichtiger Einzelheiten wird verzichtet.

Folgende Leitfragen sollten beantwortet werden:

- Wer streitet sich mit wem? Welche unterschiedlichen Interessen haben die beteiligten Gruppen und welche Machtmittel haben sie zur Durchsetzung ihrer Interessen?
- Worum geht es? Worüber wird denn gestritten? Was ist das „Gut“, das so umstritten ist?
- Wie kann der Streit gelöst werden? Bedarf der Streit einer allgemein verbindlichen Lösung? Wer darf eine Entscheidung treffen (z. B. der Bürgermeister oder die Gemeindevertretung)?
- Wie kann ein gerechter Interessenausgleich aussehen?

Schema eines Konfliktmodells:

Fall: Eine Gemeinde hat beschlossen, einen Skaterpark zu errichten. Nun wird gestritten, wo dieser errichtet werden soll. Ein Standort in einem Wohngebiet wird diskutiert.

Was darf in einem Wohngebiet gebaut werden?

Interessen der Skater
- Wollen einen Skaterpark haben
- Skaterpark soll zentral sein und gut zu erreichen
- Wollen nicht ins Industriegebiet abgeschoben werden

Interessen der Anwohner
- Wollen den Skaterpark nicht in ihrem Wohngebiet haben
- Wollen nicht gestört werden und ihre Ruhe haben
- Skaterpark soll ins Industriegebiet
- Haben Angst, dass ihre Häuser an Wert verlieren

Konflikt

Hier sind die finanziellen Mittel vorhanden. Es geht um die Frage des Standorts.

M 5 Was erwarten Jugendliche von ihrer Gemeinde?

„Von der Gemeinde erwarte ich, dass in die Schulen investiert wird. Wir Schüler wünschen uns moderne Gebäude, die auch gut mit modernen Medien ausgestattet sind, schließlich hängt unsere berufliche Zukunft ganz stark von unserer Schulbildung ab."
Markus (13)

„Unsere Gemeinde ist sehr klein und etwas ab vom Schuss. Ohne die Busverbindung in unsere Nachbarstadt wäre ich ganz schön vom Leben abgeschnitten, da meine Eltern mich nicht immer fahren können. Ich erwarte, dass die Gemeinde die Busverbindungen erhält."
Theresa (15)

„Mitbestimmen. Es ist nicht in Ordnung, dass die älteren Menschen immer das Sagen haben, denn sie kümmern sich nicht wirklich um die Interessen der Jugendlichen. Ich fordere, dass endlich ein Jugendparlament gegründet wird."
Acun (14)

M 6 Wie kann man sich einbringen?

- einen Brief an den Bürgermeister oder die Gemeindevertretung schreiben
- an einer Demonstration teilnehmen
- einen Infostand organisieren
- sich für einen Bürgerentscheid einsetzen
- ein Ehrenamt übernehmen
- einer Partei beitreten
- Unterschriften sammeln
- an einer Bürgerversammlung teilnehmen
- wählen gehen
- Zeitung lesen
- an einer Bürgerinitiative mitwirken
- ein Flugblatt verfassen
- Rechtsmittel einlegen
- Bürgersprechstunden nutzen
- Leserbrief an die Zeitung schreiben

Aufgaben

1. Zeichne ein Konfliktmodell wie in M 4 und fasse in einem Satz zusammen, wie die verschiedenen Beteiligten zur Freibadschließung stehen (M 1 – M 4).
2. Ordne die Beteiligten in „Entscheidungsträger“ und „Betroffene“ (M 2).
3. Erläutere, in welcher Phase sich die Bürgerinitiative „Pro Freibad“ befindet (M 2, M 3).
4. Sammelt ausgehend von M 5 weitere Erwartungen, die ihr an eine „ideale Gemeinde“ habt. Prüft anschließend, ob die Gemeinde für die genannten Aspekte zuständig ist (S. 54 ff.) und überlegt, was ihr unternehmen könntet, um eure Ziele zu erreichen (M 6).
5. Gliedere die Beteiligungsformen in einer Tabelle nach den Kategorien a) „sich informieren“, b) „seine eigene Meinung zum Ausdruck bringen“ und c) „sich organisieren“. Welche Beteiligungsformen hältst du für besonders wirkungsvoll (M 6)?

Wende das Konfliktmodell auf einen aktuellen Streitfall aus deiner Gemeinde an. Recherchiere dazu in der Tageszeitung und im Internet.

Entwirf ein Flugblatt, mit dem du für bzw. gegen die Schließung des Freibades wirbst.

Wie kommen die Politiker ins Rathaus?

M 7 Um Stimmen werben

Die Qual der Wahl – Kommunalwahlkampf in Hannover

M 8 Wahlkampf – was ist das?

Egal ob Bürgermeister, Ratsfrau oder Ratsherr – jeder, der ins Rathaus gelangen will, muss sich der Wahl durch die Bürgerinnen und Bürger einer Gemeinde stellen. Die verschiedenen Kandidaten kämpfen im Wahlkampf um Wählerstimmen. Dazu müssen sie die Wählerinnen und Wähler von sich und ihrem Programm überzeugen. Im Wahlkampf findet eine ganz intensive Auseinandersetzung über die politischen Streitfragen statt. Die Bürgerinnen und Bürger können sich auf Wahlkampfveranstaltungen, durch Plakate oder Informationsstände der Parteien einen Überblick über die Kandidaten und ihre Einstellungen und Ziele verschaffen. Wahlkampf auf kommunaler Ebene zeichnet sich auch dadurch aus, dass die Persönlichkeit der Kandidaten eine sehr große Rolle spielt und Fragen der Parteizugehörigkeit oft nicht so wichtig sind. In kleinen Gemeinden kennt fast jeder die Kandidaten persönlich. Diese können direkt gewählt werden.

zu Aufgabe 3
Formuliere weitere Aussagen zum Kommunalwahlrecht und lasse sie von deinem Nachbarn prüfen.

M 9 Ganz schön kompliziert – die Kommunalwahl

Alle fünf Jahre werden die kommunalen Vertretungen (Gemeinderat, Stadtrat, Kreistag) neu gewählt. Wählen (aktives Wahlrecht) dürfen alle Bewohner einer Gemeinde, die mindestens 16 Jahre alt sind und die deutsche Staatsangehörigkeit oder die eines anderen EU-Mitgliedslandes besitzen. Wählbar (passives Wahlrecht) sind demgegenüber diejenigen Wahlberechtigten, die mindestens 18 Jahre alt sind, seit mindestens drei Monaten in der Gemeinde wohnen und Deutscher oder EU-Bürger sind.

Die Wähler verfügen bei einer Kommunalwahl über drei Stimmen je Vertretungsorgan. Diese drei Stimmen können sie pauschal einer Liste (Kandidaten einer Partei oder Vereinigung) geben. Möchte ein Wähler jedoch bestimmte Personen wählen, so kann er dies auch tun; die drei Stimmen können nämlich auch einem bestimmten Kandidaten einer Partei gegeben werden (kumulieren) oder aber auf unterschiedliche Kandidaten einer oder mehrerer Listen verteilt werden (panaschieren). Daran wird deutlich, dass Kommunalwahlen in viel größerem Maße als die Wahlen zum Land- oder Bundestag als Personenwahl zu verstehen sind.

Damit der Wahlzettel gültig bleibt, ist entscheidend, dass der Wähler nicht mehr als drei Stimmen vergeben hat – weniger sind dagegen möglich. Bei den Bürgermeisterwahlen haben die Wähler nur eine Stimme, die sie direkt einem der Kandidatinnen oder Kandidaten geben.

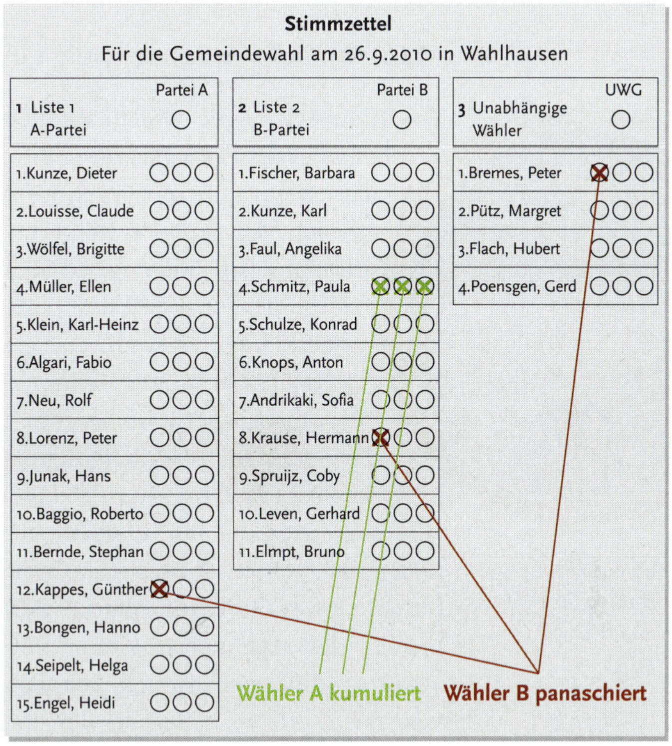

Bei Kommunalwahlen in Niedersachsen haben die Wähler drei Stimmen, die sie kumulieren (A) oder panaschieren (B) können.

Aufgaben

1. Erläutere, warum die Kandidaten Wahlkampf betreiben (M 8).
2. Recherchiere im Internet oder direkt im Rathaus:
   a) Wie viele Ratsmitglieder gibt es in eurer Gemeinde?
   b) Welche Parteien und Wählergruppen sind in eurer Gemeinde vertreten?
3. Überprüft die folgenden Aussagen mithilfe von M 9:
   a) Wählen dürfen alle Einwohner einer Gemeinde, die mindestens 16 Jahre alt sind.
   b) Im Gegensatz zur Bundestagswahl muss man sich nicht für eine Partei entscheiden.
   c) Für jede Partei, die antritt, hat der Wähler eine Stimme.
   d) Kommunalwahlen sind oft Personenwahlen. Deswegen darf man auch einem Kandidaten drei Stimmen geben.

Brauchen wir mehr direkte Demokratie in der Gemeinde?

M 10 Braucht Braunschweig ein neues Fußballstadion?

Braucht Braunschweig ein neues Fußballstadion für rund 15 Mio. Euro? Die Bürger sagten ja.

Die Braunschweiger wollen endlich ein modernes Fußballstadion. Eine klare Mehrheit von 60,3 Prozent sprach sich bei der Bürgerbefragung am Sonntag für den Millionen-Ausbau des Eintracht-Stadions aus. Etwas geschmälert wird der Triumph der Ausbau-Befürworter durch die geringe Wahlbeteiligung: Nur 32,9 Prozent der 200.000 stimmberechtigten Braunschweiger haben ihr Votum abgegeben. Oberbürgermeister Gert Hoffmann (CDU) machte das regnerische Wetter mitverantwortlich und sprach dennoch von einem großen Erfolg bei der ersten derartigen Bürgerbefragung in der Stadt.

Anders als ein Bürgerentscheid ist eine Befragung zwar rechtlich nicht verbindlich, aber in Braunschweig hatte sich der Stadtrat vorab darauf festgelegt, das Ergebnis in jedem Fall akzeptieren zu wollen. Hoffmann kündigte dann am Wahlabend auch an, dass der Rat nun noch formal am 22. Februar entscheiden werde und die schon fertigen Ausbauplanungen umgehend umgesetzt würden. Das endgültige Abstimmungsergebnis soll am Mittwoch vom Gemeindewahlausschuss vorgelegt werden.

14,5 Millionen Euro sind viel Geld und bevor die Bürger wutentbrannt [...] gegen das Großprojekt protestieren, wollte Oberbürgermeister Hoffmann sie nach eigenen Angaben an der Entscheidung beteiligen. Andere hingegen halten dieses Vorgehen für reinen Wahlkampf. Nach Ansicht von Grünen-Fraktionschef, Holger Herlitschke, sind die Modernisierungsarbeiten längst überfällig und „dürften kein Gegenstand einer Bürgerbefragung sein". Ähnlich sieht es der SPD-Fraktionsvorsitzende Manfred Pesditschek. Der Ausbau sei nötig, „weil Braunschweig als Oberzentrum der Region ein zeitgemäßes Fußballstadion braucht."

Nach: Jan Lauer, www.wdr.de (15.6.2011)

M 11 Formen der direkten Demokratie auf Gemeindeebene

Einwohnerantrag	Bürgerbegehren	Bürgerentscheid	Bürgerbefragung
Durch Einwohneranträge können Einwohner einer Gemeinde beantragen, dass sich der Gemeinderat mit einem bestimmten Thema in einer öffentlichen Sitzung auseinandersetzt und zu diesem eine Entscheidung fällt. (§ 22a NGO)	Ein Bürgerbegehren ist der Antrag der Bürgerinnen und Bürger an die Gemeindevertretung, einen Bürgerentscheid durchzuführen. (§ 22b NGO)	Ein Bürgerentscheid ist die Abstimmung der Bürgerinnen und Bürger über eine kommunale Sachfrage. (§ 22b NGO)	Der Rat kann beschließen, die Bürgerinnen und Bürger über eine Angelegenheit zu befragen. (§ 22d NGO)

M 12 Zwei Formen der Demokratie

Es gibt unterschiedliche Formen der Demokratie. Eine Form ist die **direkte Demokratie**, bei der das Volk (z. B. in Gestalt einer Volksversammlung) die Staatsgewalt unmittelbar (das heißt direkt) ausübt. Es entscheidet mit Volksabstimmungen („Plebiszit") über alle politisch wichtigen Anliegen, einschließlich der Wahl und Abwahl wichtiger Amtsträger in Staat und Gesellschaft.

Im Gegensatz zur direkten Demokratie wird die Herrschaft in der **repräsentativen Demokratie** mittelbar (das heißt indirekt) über vom Volk gewählte „Abgeordnete" ausgeübt. Diese sind „Repräsentanten" des Volkes und sollen für dieses in eigener Verantwortung zeitlich befristet handeln, wobei ihr Auftrag sich in regelmäßig stattfindenden Wahlen bewähren muss und erneuert werden kann.

Direkte Demokratie unter freiem Himmel: Volksabstimmung im Schweizer Kanton Appenzell-Innerrhoden

M 13 Kontrovers diskutiert: direkte Demokratie

Demokratie heißt Regierung durch das Volk und für das Volk. Das Volk sollte also auch entscheiden können, wo es lang geht.

Viele Leute sind überfordert mit der Entscheidung politischer Fragen. Sie haben nicht die Zeit, sich ausreichend zu informieren.

Wenn Bürger selbst entscheiden (müssen) und dadurch direkt in die Verantwortung genommen werden, sind sie eher bereit, eventuelle negative Folgen zu ertragen.

Aktuelle Stimmungslagen beeinflussen das Ergebnis. Was ist, wenn in einer Volksabstimmung kurz nach dem Bekanntwerden eines schweren Verbrechens die Einführung der Todesstrafe beschlossen wird?

Politische Probleme sind kompliziert, sie lassen sich oft nicht einfach in eine Ja/Nein-Abstimmungsvorlage pressen.

Volksabstimmungen reduzieren die Gefahr, dass die Politiker abheben und sich zu weit von den Bürgerinnen und Bürgern entfernen.

Eva Rothfuß, www.jugendnetz.de (12.6.2011)

Im Deutschen Bundestag stimmen die Abgeordneten über ein Gesetz ab.

Aufgaben

1. Erläutere Gemeinsamkeiten und Unterschiede der verschiedenen Formen der direkten Demokratie (M 10, M 11).
2. Beschreibe, weshalb der Rat in Braunschweig nicht selbst über das neue Stadion entschieden hat (M 10).
3. Diskutiert, ob die Bürgerinnen und Bürger über mehr politische Fragen direkt abstimmen sollten (M 12, M 13).
4. Recherchiert im Internet, welche politischen Fragen in Niedersachsen in letzter Zeit per Bürgerentscheid entschieden wurden. Beschreibt, worum es geht und wie die Bürger entschieden haben.

zu Aufgabe 3
Ordne die Argumente zunächst nach Pro und Kontra. Ergänze dann weitere Argumente.

Jugendparlamente – mehr Mitbestimmung für Jugendliche in der Gemeinde?

M 14 Engagement für das Jugendparlament

Ich möchte ins Kinder- und Jugendparlament, weil ich meine Meinung sagen und dem Kinder- und Jugendparlament Perspektiven zeigen möchte. Mir macht es Spaß, vor anderen Menschen zu sprechen.

Tamina Erkrad, 14 Jahre, Jacob-Haller-Realschule

Ich möchte ins Kinder- und Jugendparlament, um Bolz-, Spiel- und Sportplätze für junge Menschen attraktiver zu machen und euer Ansprechpartner für Verbesserungsvorschläge in Neustadt zu werden.

Julia Roggensted, 14 Jahre, Neustadt-Gymnasium

Ich möchte ins Kinder- und Jugendparlament, weil ich eure Interessen und Vorschläge gewissenhaft gegenüber der Stadt vertreten und mich für ganzjährige Freizeitangebote, z. B. eine Eisbahn, einsetzen werde.

Paolo Ricacelli, 16 Jahre, Neustadt-Gymnasium

Wenn wir jungen Menschen uns nicht organisieren, dann finden wir doch kein Gehör und die Politiker machen nur das, was die älteren Wähler wollen. Wir Jungen brauchen eine Stimme in der Gemeinde.

Jakob Erzberger, 11 Jahre, Jacob-Haller-Realschule

M 15 Beteiligungsrechte von Kindern und Jugendlichen in Niedersachsen

§ 22 e Beteiligung von Kindern und Jugendlichen

Die Gemeinde soll Kinder und Jugendliche bei Planungen und Vorhaben, die ihre Interessen berühren, in angemessener Weise beteiligen. Hierzu soll die Gemeinde über die in diesem Gesetz vorgesehene Beteiligung der Einwohnerinnen und Einwohner hinaus geeignete Verfahren entwickeln und durchführen.

Niedersächsische Gemeindeordnung (NGO)

M 16 Erste Sitzung des neuen Laatzener Jugendparlaments

Das neue Laatzener Jugendparlament ist zu einer ersten Sitzung zusammengekommen. Der stellvertretende Bürgermeister Wolfgang Zingler verpflichtete die 14- bis 18-Jährigen für ihr Amt. Die 17 Jugendlichen des Gremiums wollen sich für die Interessen junger Laatzener einsetzen. Auch wenn das Parlament gemeinsame Interessen verfolgt, haben viele bereits eigene Ideen, für die sie sich stark machen wollen. Anna Soboleva will eine bessere Nahverkehrsanbindung für Ingeln-Oesselse, Kerstin Lies setzt sich für Toleranz gegenüber Immigranten ein. Dimitra Denmitzaki wünscht sich mehr Freizeiteinrichtungen für Kinder und Jugendliche.

Nach: Daniel Junker, www.jugendparlamentlaatzen.de (10.5.2011)

M 17 Aktionen des Laatzener Jugendparlaments

Podiumsdiskussion zum Turbo-Abi
Welche Folgen das Abitur nach 12 Schuljahren für Schüler hat, haben Vertreter des Laatzener Jugendparlaments und der Schulen sowie ein Experte vor rund 20 Zuhörern bei einer Podiumsdiskussion im Erich-Kästner-Schulzentrum diskutiert.

Mitglieder des Jugendparlaments fahren nach Berlin
Auf Einladung des SPD-Bundestagsabgeordneten Dr. Matthias Miersch war das Jugendparlament aus Laatzen zu Besuch im Berliner Bundestag. Miersch hatte das Jugendparlament vor 12 Jahren mit ins Leben gerufen und freute sich daher ganz besonders darüber, dass es immer noch aktiv weitergeführt wird.

Sprayer dürfen unter der B 443 legal sprühen
In einer Kooperation von Polizei, Präventionsrat, Jugendparlament und Jugendpflege sollen Graffitikünstler auf den genehmigten Flächen die Möglichkeit bekommen, legal zu arbeiten. Ausgewählt wurde ein Betonpfeiler der B 443 Brücke auf der Höhe des Rethener Netto-Marktes.

Mehr Ausleihen auch dank neuer Öffnungszeiten
Die Laatzener Stadtbücherei ist 2009 stärker genutzt worden als in den Vorjahren. Die Gründe für die gestiegene Nachfrage sind vielfältig. An erster Stelle nennt der Stadtsprecher die erweiterten Öffnungszeiten, die auf eine Initiative des Jugendparlaments zurückgehen.

Nach: Daniel Junker, www.jugendparlamentlaatzen.de (10.5.2011)

Aufgaben

1. Erkläre ausgehend von M 14, was aus deiner Sicht für bzw. gegen ein Engagement im Jugendparlament spricht.
2. Beschreibe, womit sich das Laatzener Jugendparlament beschäftigt. Recherchiere dazu auch im Internet (M 17, www.jugendparlamentlaatzen.de).
3. Setzt euch in Gruppen zusammen und diskutiert, was euch als Jugendliche in eurer Stadt oder Gemeinde stört und wie ihr die Situation verändern könnt.
4. „Wer sich nicht einmischt, der verliert das Recht, sich zu beschweren.“ Nimm Stellung zu dieser Aussage.

Wählen mit 16 – eine gute Idee?

M 18 Jugendforscher für Bremer Modell auf Bundesebene

Der 16-jährige Felix von Mülmann gibt am 22.5.2011 in Bremen seinen Stimmzettel für die Bürgerschaftswahl ab.

Nach den Bürgerschaftswahlen in Bremen fordert der Jugendforscher Klaus Hurrelmann die bundesweite Einführung des Wahlrechts ab 16 Jahren. In Bremen konnten erstmals bei einer Landtagswahl 16- und 17-Jährige ihre Stimme abgeben. Der „Neuen Presse" sagte Hurrelmann: „In einer Demokratie muss immer wieder kritisch hinterfragt werden, mit welchem Recht wir Teile der Bevölkerung von einer Wahl ausschließen." Die Entwicklung der Jugendlichen habe sich beschleunigt, man habe viel Verantwortung für seine Bildungslaufbahn, für das persönliche Leben, auch oft schon weitgehend für finanzielle Belange. „Das spricht dafür, das Wahlalter herunterzusetzen", so der Wissenschaftler.

Nach: www.radiobremen.de (24.5.2011)

M 19 Die Entwicklung des Wahlrechts in Deutschland

Es war der 31. Juli des Jahres 1970, als die Abgeordneten des Deutschen Bundestages entschieden, das Mindestwahlalter, das bis dahin bei 21 Jahren lag, zu senken. Seitdem steht in Artikel 38 des Grundgesetzes: „Wahlberechtigt ist, wer das achtzehnte Lebensjahr vollendet hat." Die Geschichte der Demokratie ist auch eine Geschichte der Auseinandersetzung über das „richtige" Wahlalter. Trotz der Senkung des Wahlalters auf 18 Jahre blieb die Frage auf der politischen Tagesordnung und ist bis heute unterschiedlich geregelt. In einigen Bundesländern gibt es das Wahlrecht ab 16 auf kommunaler Ebene. Es wurde in Niedersachsen 1995 erstmals eingeführt und ist in § 34 der Gemeindeordnung verankert. Anschließend haben weitere acht der 16 Bundesländer das Wahlalter herabgesetzt. In Niedersachsen dürfen 16-Jährige über die Zusammensetzung der Gemeinderäte abstimmen und bei Direktwahlen mitentscheiden, wer neuer Bürgermeister wird. Bei Landtags-, Bundestags- und Europawahlen gilt aber nach wie vor das Wahlrecht ab 18 Jahren, mit einer Ausnahme: In Bremen dürfen seit 2011 16- und 17-Jährige die Bürgerschaft (vergleichbar mit einer Landtagswahl) mitwählen. Als erster Staat in Europa hat unser Nachbar Österreich 2007 das Wahlalter generell auf 16 Jahre gesenkt – und damit gute Erfahrungen gemacht. Die Diskussion um das richtige Wahlalter wird deshalb auch bei uns weitergehen.

Wahlalter international

ab 16	Österreich, Brasilien, Nicaragua, Kuba, in Bosnien-Herzegowina, Slowenien, Kroatien bei Berufstätigkeit
ab 17	Seychellen, Indonesien
ab 18	fast weltweit
ab 20	Japan, Südkorea
ab 21	Fidschi, Gabun, Kuwait

M 20 Das Jugendwahlrecht in der Diskussion

Auch viele Erwachsene sind „politische Analphabeten“ und leicht beeinflussbar. Warum sollte man von Jugendlichen höhere Qualifikationen fordern? Sie müssen heute schon sehr früh Entscheidungen treffen und Verantwortung übernehmen.

16-Jährige sind politisch unreif. Auch wenn sie heute einen höheren Bildungsstand haben als früher, sind sie noch nicht fähig, sich ein vernünftiges Urteil in einer Welt zu bilden, die immer komplizierter wird. Deshalb sind sie leicht manipulierbar.

Demokratie darf Jugendliche nicht ausschließen. Wahlstatistiken zeigen: Das Wahlverhalten von Erstwählern weicht nicht eklatant von dem anderer Bevölkerungsteile ab. Die Ausgrenzung fördert erst die Neigung zur Radikalität.

Jugendliche haben eine Abneigung gegen Parteien und Mandatsträger. Deshalb neigen sie zu politischem Extremismus. Das ist eine Gefahr für die Stabilität der Demokratie.

16- und 17-Jährige haben existenzielle Interessen, die von Erwachsenen wenig oder gar nicht vertreten werden. Außerdem erhalten Jugendliche ab dem 16. Lebensjahr eine Reihe von Rechten zugesprochen wie zum Beispiel Ehefähigkeit, Eidesfähigkeit usw.

Wer wählen will, der muss auch volljährig und strafmündig sein. Wer strafrechtlich nicht voll verantwortlich ist für sein Verhalten, kann auch nicht verantwortlich sein für das Schicksal des Staates.

Jugendliche stehen Parteien, Mandatsträgern und Wahlen ablehnend gegenüber. Ein früherer Zugang zu Wahlen trifft deshalb die Interessen der Jugendlichen nicht. Es ist sinnvoller, die von Jugendlichen favorisierten Elemente direkter Politik auszubauen und ihnen die Chance zu geben, in Jugendparlamenten oder Anhörungen etc. zu Wort zu kommen.

Jugendliche haben das Gefühl, nicht ernst genommen zu werden. Die Politikverdrossenheit unter jungen Menschen wird abnehmen, wenn sie durch das aktive Wahlrecht in die politische Entscheidungsfindung einbezogen werden: Wer weiß, dass er etwas bewirken kann, hat auch mehr Interesse an Politik.

Valentin Nann, Der Streit ums Wahlalter, fluter, 28.5.2002

Aufgaben

1. Wann ist ein Mensch „reif“ für die Demokratie? Verwendet im Klassenraum eine Strecke von 0-18 Jahren (z. B. vom Fenster bis zur Tür). Jeder von euch platziert sich dort, wo dieser Zustand seiner persönlichen Meinung nach erreicht ist. Begründet euren Standpunkt.
2. Beschreibe die Entwicklung des Wahlalters in Deutschland (M 19).
3. Erörtert, ob das Wahlalter generell auf 16 Jahre gesenkt werden sollte (M 18 – M 20).

zu Aufgabe 3
Ordne zunächst die Argumente nach Pro und Kontra. Ergänze ggf. weitere Argumente.

Was wir wissen

Politische Beteiligung
M 1, M 3, M 6

Demokratie lebt vom Einsatz ihrer Bürger. Auch Jugendliche haben Möglichkeiten, ihre Ziele zu formulieren und sich politisch dafür zu engagieren. Man kann dazu Gespräche mit Mitschülern, Freunden, Eltern führen, an öffentlichen Diskussionen und Anhörungen teilnehmen, Leserbriefe an Zeitungen schreiben, eine Bürgerinitiative gründen, an einer Demonstration mitwirken, Mitglied von einem Verein oder einer Partei werden oder für das Jugendparlament kandidieren. In Niedersachsen können Einwohner, die das 14. Lebensjahr vollendet haben, beantragen, dass der Rat bestimmte Angelegenheiten berät (Einwohnerantrag).

Direkte Demokratie
M 11 – M 13

Die Niedersächsische Gemeindeordnung räumt den Bürgerinnen und Bürgern darüber hinaus Möglichkeiten ein, direkt über politische Probleme abzustimmen. So kann der Rat in Angelegenheiten der Gemeinde eine Befragung der Bürgerinnen und Bürger beschließen. Das Ergebnis ist für den Rat allerdings nicht verbindlich. Mit einem Bürgerbegehren, das von mindestens 10 % der Wahlberechtigten unterzeichnet sein muss, kann beantragt werden, dass die Bürgerinnen und Bürger einer Gemeinde über eine Angelegenheit der Gemeinde direkt abstimmen (Bürgerentscheid). Der Bürgerentscheid ist verbindlich, wenn die Stimmenmehrheit mindestens 25 % der Wahlberechtigten repräsentiert.

Jugendparlamente
M 14 – M 17

Die Gemeinden sind verpflichtet, Kinder und Jugendliche in Entscheidungsverfahren, die sie betreffen, mit einzubeziehen. In vielen Gemeinden gibt es daher Jugendparlamente. Aufgabe der Jugendparlamente ist es, die Interessen von Jugendlichen gegenüber den politischen Verantwortlichen (z. B. den Ratsmitgliedern oder dem Bürgermeister) zu vertreten und den Dialog zu fördern. In der Regel können Vertreter der Jugendparlamente ihre Anliegen direkt im Rat vortragen.

Wahlen
M 18

Wahlen gelten als die wichtigste Form der (indirekten) politischen Einflussnahme, denn damit werden die Mehrheits- und Machtverhältnisse eines repräsentativen Gremiums (Rat oder Parlament) festgelegt. Zwar sind die Repräsentanten (Ratsmitglieder, Abgeordnete) in ihren Entscheidungen frei, sie müssen aber die Interessen ihrer Wählerschaft vertreten, wenn sie wiedergewählt werden wollen. Jugendliche können in Niedersachsen ab dem 16. Lebensjahr an Kommunalwahlen teilnehmen. Befürworter fordern eine Absenkung des Wahlalters auch auf Landesebene. Sie sagen, dass Jugendliche sich bereits früh für Politik interessieren und über ihre Zukunft mitbestimmen wollen. Gegner des Wahlrechts mit 16 behaupten, dass Jugendliche noch nicht reif genug sind, um fundierte politische Urteile zu bilden.

Wie politisch ist die Jugend in Deutschland?

Klaus Hurrelmann ist ein deutscher Sozialwissenschaftler. Er leitet die Shell-Studie, bei der Sichtweisen, Stimmungen und Erwartungen von Jugendlichen in Deutschland ermittelt werden. Die letzte Studie wurde 2010 veröffentlicht.

ZEIT ONLINE: Was ist ihre Prognose: Wie tickt die Jugend 2010? [...]
Hurrelmann: Zu unserer Überraschung: ungeheuer sachlich. „Pragmatische Generation", haben wir sie 2006 genannt. Es gab damals eine unheimlich hohe Bereitschaft, in die eigene Bildung zu investieren. Man konnte von einer auffallend hohen Karriereorientiertheit sprechen, fast von einem Schuss Opportunismus[1]. Nach Kritik und Unzufriedenheit mussten wir fast mit der Lupe suchen. Was wir allerdings festgestellt haben, war ein ziemlich hoher Angstpegel. 50 Prozent der Jugendlichen spürten Druck im Alltag.
ZEIT ONLINE: Dabei war 2006 die Krise noch nicht einmal so allgegenwärtig wie heute ...
Hurrelmann: Eben. Eine Vermutung ist, dass der gefühlte Druck zugenommen haben dürfte.
ZEIT ONLINE: Irgendwann muss sich doch der Druck entladen oder ein Ventil suchen. Rechnen sie mit einer Repolitisierung oder gar Radikalisierung der Jugend?
Hurrelmann: Es gibt verschiedene Ventile: Das abgespaltene untere Fünftel der Generation ist aggressiver als früher. Sie suchen Sündenböcke, verarbeiten den Druck nach außen. Es ist sicher kein Zufall, dass fremdenfeindliche Gewalt zunimmt. Auch die jüngsten linken Ausschreitungen, etwa in Berlin, weisen allgemein auf ein gestiegenes Gewaltpotenzial bei den Jüngeren hin. Andere weichen vor dem Druck aus, nehmen Drogen, flüchten sich in Computerspiele. Ebenfalls ansteigend und noch wenig untersucht ist die Anzahl depressiver Jugendlicher.
ZEIT ONLINE: Aber politisch ...
Hurrelmann: Politisch im klassischen Sinn ist die heutige Jugend nicht. Im Gegenteil. Das Interesse für Politik ist auf einem historischen Tiefpunkt: Heute schätzt sich nur noch ein Drittel als politisch ein, in den siebziger Jahren waren es noch zwei Drittel einer Generation. Aber, meine Hypothese ist: Das Politische wird wieder zunehmen.
ZEIT ONLINE: Wieso?
Hurrelmann: Es gibt neuen Zündstoff: etwa durch die doppelten Abiturjahrgänge in Folge der Gymnasial-Verkürzung auf acht Jahre, die jetzt die Schulen verlassen. Dadurch [...] kommt es zu einem großen Konkurrenzkampf und zu einer Verstopfung der Uni-Zugänge. Nicht einmal mehr die Besten eines Jahrgangs können sich sicher sein, den bevorzugten Studienplatz zu erhalten. Das provoziert eine Gegenbewegung, wie wir in diesem Wintersemester bei den Hochschul-Streiks gesehen haben.
Interview: Michael Schlieben, Zeit online, 17.3.2010

[1] *Opportunismus = eine günstige Gelegenheit ohne Rücksicht auf andere ausnützen*

Aufgaben

1. Fasse die zentralen Aussagen von Klaus Hurrelmann zusammen.
2. Nimm Stellung und verfasse dazu einen Eintrag für einen Blog (oder einen Leserbrief), der sich mit der Frage „Wie politisch ist die Jugend in Deutschland?" befasst.

1.4 Wer entscheidet in der Gemeinde?

Wie funktioniert eine Gemeinde?

M 1 Ein Problem in der Gemeinde Beerenbach

Die Gemeinde Beerenbach hat ein Problem - oder eigentlich zwei Probleme. Auf der einen Seite müssen die Sportanlagen dringend saniert werden. Der Fußballplatz kann kaum noch genutzt werden und auch das Vereinsheim hat schon bessere Tage gesehen. Die örtlichen Sportvereine beklagen, dass sie so kaum noch sinnvolle Jugendarbeit betreiben können. Die Kosten sind beachtlich: 120.000 € müsste die Gemeinde berappen. Die örtlichen Handwerker und Betriebe leugnen nicht, dass an den Sportanlagen etwas getan werden muss. Sie haben aber andere Ziele, denn ihnen geht der Platz aus. Einige Betriebe wollen sich vergrößern und finden keine geeigneten Gewerbeflächen. Sie haben bereits viele Gespräche mit dem Bürgermeister geführt und drohen nun offen, ihre Betriebe in eine andere Gemeinde zu verlagern. Auf die Gemeinde kommen für den Fall, dass sie das Gewerbegebiet erweitert, Ausgaben in Höhe von 220.000 € zu. Es stehen aber im Haushaltsjahr nur 250.000 € zur Verfügung und so kann die Gemeinde auf keinen Fall beide Projekte verwirklichen.

M 2 Der Rat – das Parlament der Gemeinde

Der Rat ist die gewählte Volksvertretung einer Gemeinde. Die Mitglieder des Rats - die Ratsfrauen und Ratsherren - werden für fünf Jahre gewählt. Die Ratsmitglieder sind ehrenamtlich tätig. Der Rat richtet Ratsausschüsse ein, die die Beschlüsse des Rates vorbereiten sollen. Sie dürfen empfehlen, aber nicht beschließen. Ihre Zahl und ihre Aufgaben kann der Rat frei bestimmen. Zu besetzen sind sie entsprechend den Fraktionsstärken im Rat. Die Gemeindeordnung bezeichnet den Rat ausdrücklich als „Hauptorgan der Gemeinde". Der Rat wird hiermit im Verhältnis zu den beiden anderen Organen - Bürgermeister und Verwaltungsausschuss - hervorgehoben. Wie das Parlament auf staatlicher Ebene ist der Rat das „Rechtsetzungsorgan" auf der Gemeindeebene, d. h. alle Satzungen - die „Gesetze" der Gemeinde - werden von ihm beschlossen. Wie das Parlament das Haushaltsgesetz, so beschließt der Rat die Haushaltssatzung. Er legt auch die gemeindlichen Abgaben, d. h. die Gebühren, Beiträge und Steuern, fest. Darüber hinaus beschließt er in Wirtschaftsangelegenheiten, z. B. über die Aufnahme von Krediten. Ähnlich einem Parlament besetzt der Rat auch als Wahlorgan wichtige Positionen: Er wählt z. B. die - in den Verwaltungen der größeren Gemeinden vorgesehenen - leitenden Beamten auf Zeit.

Nach: Joachim Detjen, Demokratie in der Gemeinde, Bürgerbeteiligung an der Kommunalpolitik in Niedersachsen, Hannover 2000, S. 25 ff.

Werte die lokale Tageszeitung aus und berichte über eine wichtige Abstimmung im Rat.

M 3 Der Bürgermeister – das Gemeindeoberhaupt

Der Bürgermeister wird von den Bürgerinnen und Bürgern der Gemeinde ab 2016 für fünf Jahre direkt gewählt. Er leitet und beaufsichtigt die Gemeindeverwaltung. Er hat im Rat kraft seines Amtes Antrags-, Rede- und Stimmrecht. Er ist Vorsitzender des Verwaltungsausschusses und nimmt an den Sitzungen der Ratsausschüsse teil. Seine Aufgabe im Verhältnis zum Rat, den Ratsausschüssen sowie zum Verwaltungsausschuss besteht darin, die Beschlüsse dieser Organe vorzubereiten sowie die gefassten Beschlüsse auszuführen. Der Bürgermeister unterrichtet die Einwohner in geeigneter Weise über wichtige Angelegenheiten der Stadt. Bei Planungen und Vorhaben soll er die Einwohner rechtzeitig und umfassend über die Grundlagen, Ziele, Zwecke und Auswirkungen informieren. Der Bürgermeister repräsentiert die Gemeinde nach außen. Angesichts der Fülle an Kompetenzen kann man den Bürgermeister als „Gemeindeoberhaupt" bezeichnen.

M 4 Aufbau einer Gemeinde in Niedersachsen

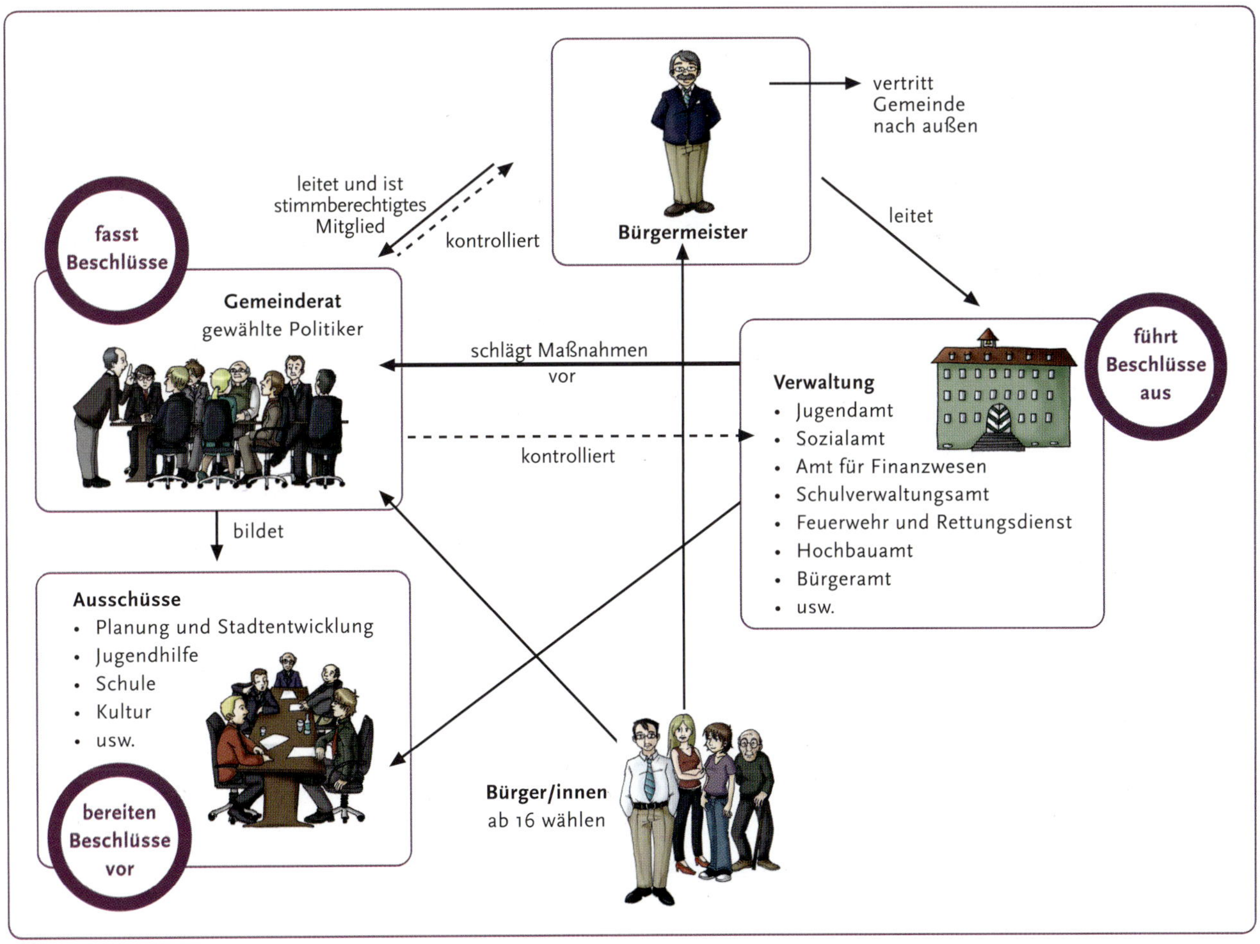

M 5 Eine Entscheidung wird getroffen

Sportplatz oder Gewerbegebiet – heute findet die entscheidende Sitzung des Rates statt, in der über die beiden Projekte abgestimmt werden soll. Anwesend sind der Bürgermeister, die gewählten Ratsfrauen und -männer, Vertreter des Jugendparlaments und Vertreter der örtlichen Tageszeitung.

Bürgermeister

Du bist Bürgermeister und leitest die Sitzung des Rates. Du gehörst zwar der Partei des Wohlstands an, heute willst du dich aber erst einmal zurückhalten, um herauszufinden, wie die Stimmung im Rat ist. Die nächsten Bürgermeisterwahlen finden Anfang des kommenden Jahres statt.

Begrüße alle Anwesenden und stelle den Ablauf der Sitzung vor. Fasse noch einmal kurz die Problematik der heutigen Sitzung zusammen. Fordere zuerst die Vertreter des Jugendparlaments auf, ihren Standpunkt zu äußern. Anschließend haben die Vertreter der beiden Parteien die Möglichkeit, ihre Positionen zu äußern. Leite anschließend die Diskussion. Formuliere einen Antrag, was beschlossen werden soll, und führe die Abstimmung durch. Du selbst bist stimmberechtigt. Achte darauf, dass die Vertreter des Jugendparlaments nicht abstimmen dürfen. Verkünde das Ergebnis auf einer Pressekonferenz und beantworte die Fragen der Journalisten.

Vertreter des Jugendparlaments

Ihr seid die beiden Vertreter des Jugendparlaments und tretet für die Rechte der Jugendlichen ein. Macht euch mit den beiden Projekten vertraut und formuliert eine schriftliche Stellungnahme. Abstimmen dürft ihr nicht. Ihr könnt aber Kontakt zur örtlichen Presse aufnehmen.

Presse

Ihr seid Journalisten (maximal zwei Vertreter) der örtlichen Zeitung. Die Leser eurer Zeitung haben den Streit in Beerenbach mit großem Interesse verfolgt. Täglich kommen neue Leserbriefe. Da die Sitzung des Rates öffentlich ist, könnt ihr die Debatte verfolgen und einen Bericht schreiben. Bei der anschließenden Pressekonferenz habt ihr die Möglichkeit, den Bürgermeister zu befragen. Formuliert anschließend einen Bericht, in dem ihr das Ergebnis und die Reaktionen der Betroffenen darstellt.

Partei des Wohlstands

Ihr seid die Vertreter der Partei des Wohlstands und entsendet vier Ratsfrauen und -herren. Nach vielen Gesprächen mit den örtlichen Handwerkern und Unternehmern seid ihr zum Ergebnis gekommen, dass Beerenbach dringend ein neues Gewerbegebiet braucht. Die Drohungen, dass die Unternehmen ins Nachbardorf abziehen könnten, nehmt ihr sehr ernst. Allerdings wisst ihr nicht, ob ihr euch in der Abstimmung durchsetzen könnt, obwohl ihr mit dem Bürgermeister über fünf Stimmen verfügt. Überlegt euch deshalb einen Kompromissvorschlag, den ihr in die Debatte einbringen könnt.

Partei der Jungen Familien

Ihr seid die Vertreter der Partei der Jungen Familien und entsendet drei Ratsfrauen und -herren. Nach vielen Gesprächen in der Nachbarschaft, in Schulen und Vereinen seid ihr zum Ergebnis gekommen, dass Beerenbach dringend neue Sportanlagen braucht. Die Drohungen, dass die Unternehmen ins Nachbardorf abziehen könnten, nehmt ihr nicht sehr ernst. Trotzdem formuliert ihr einen Kompromissvorschlag, den ihr in die Debatte einbringen könnt. Ihr habt insgesamt drei Stimmen. Nur wenn ihr den Bürgermeister für eure Position gewinnen könnt, könnt ihr die Abstimmung für euch entscheiden.

Aufgaben

1. Erläutere, worin das Problem der Gemeinde Beerenbach besteht (M 1).
2. Wer entscheidet, was gebaut wird? Überprüfe mithilfe von M 2 – M 4, welche Rechte die einzelnen Akteure haben und wie sie Einfluss auf die Entscheidung nehmen können.
3. Viele Wünsche – wenig Geld!
   Teilt die Rollen der Teilnehmer der Ratssitzung unter euch auf (M 5). Bereitet euch in Gruppen mithilfe der Rollenkarten auf die Sitzung vor und bestimmt, wer euch in der Sitzung vertritt. Diejenigen, die keine Rolle übernehmen, stellen die Beobachter dar und protokollieren den Verlauf der Sitzung. Simuliert die Sitzung des Rates. Geleitet wird die Sitzung durch den Bürgermeister. Stimmberechtigt sind die sieben Mitglieder der Parteien und der Bürgermeister. Beschlüsse werden mit der Mehrheit der auf Ja oder Nein lautenden Stimmen gefasst. Bei Stimmengleichheit gibt der Bürgermeister den Ausschlag.

zu Aufgabe 3
Sammelt zunächst für eure Rolle Argumente, die für bzw. gegen den Sportplatz / das Gewerbegebiet sprechen, und schreibt sie auf.

Wieder kürzere Amtszeit für Bürgermeister?

M 6 Wie lange dauert eine Amtszeit?

Demokratie ist aber Herrschaft [...] auf Zeit. Diese [Herrschaftsform] lebt entscheidend davon, dass die politische Minderheit [...] von heute die Chance hat, in der Zukunft einmal die Mehrheit zu erhalten und die Regierung von morgen bilden zu können.

Michael Klöpfer, Frankfurter Allgemeine Zeitung, 15.6.2011

Wahlperioden	
Bundeskanzler	4 Jahre
Bundespräsident	5 Jahre
Senatoren in den USA	6 Jahre
Landtag von Niedersachsen	5 Jahre
Richter am Bundesverfassungsgericht	12 Jahre

M 7 Wieder kürzere Amtszeit für Bürgermeister? – Landesregierung will Amtszeit von acht auf fünf Jahre reduzieren

Bemerkenswerter Vorstoß der noch recht neuen niedersächsischen Landesregierung: Ministerpräsident Weil und Teile seiner Führungsriege möchten die Amtszeit der kommunalen Spitzenbeamten – also Bürgermeister, Oberbürgermeister und Landräte – wieder von acht auf fünf Jahre reduzieren. Wie stehen die derzeitigen Amtsträger dazu?

Zur Erinnerung: Die Verlängerung der Amtszeiten und der entsprechenden Wahlperioden von fünf auf acht Jahre war erst 2006 in Kraft getreten. Und die jetzt diskutierte Wieder-Verkürzung der Amtszeiten ist auch innerhalb der niedersächsischen Regierungsparteien SPD und Grüne durchaus umstritten.

Angela Dankwart: Dankbar für acht Jahre Zeit

An der Spitze einer Stadt, einer Gemeinde oder eines Landkreises zu stehen, ist eine große Aufgabe. Es gibt Menschen, die eine solche Aufgabe gerne übernehmen, so wie die parteilose Angela Dankwart, Bürgermeisterin in Jever. Vor fast acht Jahren wurde sie gewählt. In wenigen Monaten endet Angela Dankwarts Amtszeit, und für eine weitere will sie nicht kandidieren, das Privatleben geht dann vor. Dass sie aber acht Jahre als Bürgermeisterin zur Verfügung hatte und nicht nur fünf, das weiß sie sehr zu schätzen. Denn politische Prozesse brauchen Zeit, nichts geht von heute auf morgen.

Gleiche Wahlperiode für Rats- und Kreistage?

Patrick de la Lanne, Oberbürgermeister Delmenhorst: Fünfjährige Amtszeiten sind knapp bemessen – das findet auch Patrick de la Lanne, der Delmenhorster Oberbürgermeister. An den acht Jahren hängt der SPD-Mann allerdings nicht. Er kann sich vorstellen, dass die fünfjährigen Rats- und Kreistagswahlperioden und die derzeit achtjährigen Spitzenbeamten-Amtszeiten auf sechs Jahre gesetzt werden könnten. Durch die Gleichzeitigkeit wäre dann vielleicht bei Bürgermeister- und Landratswahlen die Wahlbeteiligung größer als sie jetzt ist. Die Posten würden für ehrgeizige und fähige Bewerber dadurch nicht weniger attraktiv, sagt er.

Wilhelm Bäker: „Interesse an Spitzenposten schwindet."

Wilhelm Bäker, parteiloser Bürgermeister in Bassum, sieht da schon eher Probleme. Er wird nach Zerwürfnissen mit Ratsmitgliedern nächstes Jahr nicht wieder kandidieren. Abgesehen von seinem persönlichen Frust sieht er ganz allgemein ein schwindendes Interesse an den Spitzenposten. Man müsse ja bedenken, sagt der Bassumer Bürgermeister, dass die Bewerbung für ein solches Amt die vorherige Karriere unterbricht. Nicht jeder wolle den woanders erworbenen Status aufgeben und das bisher Erreichte riskieren.

Argumente für beide Modelle

Abgesehen von einem möglichen Kandidaten-Mangel: Hauptargument für die Verkürzung der Amtszeiten auf fünf Jahre ist, dass Kommunalparlamente und Spitzenbeamte dann wieder gleichzeitig gewählt würden, was weniger Aufwand bedeute und mit einiger Wahrscheinlichkeit die Wahlbeteiligung erhöhe. Für die Beibehaltung der achtjährigen Amtszeit wird – abgesehen von der Kontinuität der Arbeit – argumentiert, dass in einem gleichzeitigen Wahlkampf für Räte, Kreistage, Bürgermeister und Landratsposten die parteilosen Spitzenkandidaten weniger Chancen hätten. Die starken Parteien dagegen könnten die eigenen Anwärter nach vorn bringen.

Radio Bremen, Nordwestradio Journal, 1.7.2013

Fünf oder acht Jahre Amtszeit für Niedersachsens Bürgermeister in den Rathäusern?

Aufgaben

1. Demokratie wird oftmals als „Herrschaft auf Zeit" bezeichnet (M 6). Erläutere, weshalb politische Ämter immer nur auf Zeit vergeben werden.
2. In Niedersachsen wird die Amtszeit der Bürgermeister ab 2016 wieder von acht auf fünf Jahre verkürzt (M 7). Stelle die Pro- und Kontra-Argumente in einer Tabelle gegenüber. Markiere dann jeweils ein Pro- und ein Kontra-Argument, das dich überzeugt und formuliere dann ein eigenes Urteil.

Was wir wissen

Der Gemeinderat
M 2

Der Gemeinderat (in Städten: Stadtrat) ist das Hauptorgan der Gemeinde. Er entscheidet über wichtige Fragen, die die Gemeinde betreffen, z. B. über den Gemeindehaushalt und die Höhe der gemeindlichen Abgaben. Die Ratsmitglieder sind ehrenamtlich tätig und werden von der wahlberechtigten Bevölkerung auf fünf Jahre gewählt.

Der Verwaltungsausschuss
M 2, M 3

Der niedersächsische Verwaltungsausschuss (bestehend aus Ratsmitgliedern) ist eine Besonderheit der Niedersächsischen Gemeindeordnung. Er vermittelt zwischen Rat und Bürgermeister, der dem Ausschuss auch vorsitzt. Alle Ratsbeschlüsse müssen vor Beschlussfassung im Verwaltungsausschuss besprochen worden sein. Bei sehr eiligen Fragen oder reinen Verwaltungsangelegenheiten bekommt der Ausschuss vom Rat häufig die Entscheidungsbefugnis zugewiesen.

Der Bürgermeister
M 3

Die Bürgermeisterin oder der Bürgermeister ist Vorsitzender des Verwaltungsausschusses und leitet die Gemeindeverwaltung. Er hat im Rat kraft seines Amtes Antrags-, Rede- und Stimmrecht. Der Bürgermeister informiert die Einwohner über wichtige Angelegenheiten der Gemeinde und repräsentiert die Gemeinde nach außen. Er hat also eine herausragende Stellung in der Gemeinde. Der Bürgermeister wird ab 2016 auf fünf Jahre von den Stimmberechtigten Einwohnern direkt gewählt.

Herrschaft auf Zeit
M 6

In einer Demokratie werden politische Ämter immer nur auf Zeit vergeben. Die Wahlperiode muss dabei so lange sein, dass die gewählten Vertreter auch entsprechend Einfluss auf die Gestaltung der Politik nehmen können und ihre Wahlversprechen umsetzen können. Dennoch dürfen sie nicht zu lange regieren, sondern sie müssen sich wieder der Wahl stellen, damit die Bürger entscheiden können, ob sie mit der Politik einverstanden sind.

Amtszeit der Bürgermeister
M 7

Die Bürgermeister werden in Niedersachsen ab 2016 nicht mehr auf acht, sondern auf fünf Jahre gewählt. Befürworter dieser kürzeren Amtszeit begrüßen, dass dann wieder alle Politiker in der Gemeinde gleichzeitig gewählt werden, also die Kommunalparlamente und die Bürgermeister. Dies verringert den Aufwand für den Wahlkampf und wird – so die Befürworter – die Wahlbeteiligung der Bürger erhöhen. Kritiker bemängeln, dass parteilose, unabhängige Kandidaten dann weniger Chancen hätten. Außerdem reichen fünf Jahre nicht – so die Kritiker – die Gemeindepolitik zu gestalten.

Wer darf entscheiden und warum? Legitimation politischer Entscheidungen

Politische Entscheidungen sind oft weitreichend und nehmen großen Einfluss auf unser Leben. Deshalb ist die Frage, wer warum entscheiden darf, so wichtig für die Menschen. In der Politik spricht man dabei von der Legitimation politischer Entscheidungen. Es geht also um die Frage, wer die Berechtigung hat zu entscheiden und wie diese Berechtigung erteilt wurde.

Losentscheid

Experten entscheiden.

Alle entscheiden.

Die gewählten Vertreter entscheiden.

Aufgaben

1. Erkläre, wie politische Entscheidungen in einer Gemeinde legitimiert werden. Übertrage dazu die unterschiedlichen Möglichkeiten, wie politische Entscheidungen getroffen werden können, auf die Ebene der Gemeinde.
2. Welche Form der Legitimation findest du am überzeugendsten? Nimm Stellung zu dieser Frage.

1.5 Welche Aufgaben übernimmt die Gemeinde?

Welche Aufgaben hat die Gemeinde?

M 1 Die Gemeinde betrifft uns

Blick vom neuen Rathaus auf das Zentrum von Hannover

Jeder lebt in einer Stadt oder Gemeinde („Kommune") und nimmt täglich ihre Leistungen in Anspruch. Ob wir mit dem Bus fahren, zur Schule gehen, das Schwimmbad oder die Bibliothek besuchen – die Gemeinden regeln alle Angelegenheiten der örtlichen Gemeinschaft. So steht es im Grundgesetz. Rechtlich werden Gemeinden als Gebietskörperschaften bezeichnet. Die Landtage erlassen die Gemeindeordnungen, in der die wichtigsten gesetzlichen Bestimmungen wie z. B. das Wahlrecht oder die Rechte der Gemeindevertretung festgelegt sind. Diese gelten auch für Städte. Das Land Niedersachsen ist in 164 Städte, 54 Flecken (Orte mit eingeschränktem Stadtrecht) und 1022 Gemeinden sowie 25 gemeindefreie Gebiete unterteilt, die insgesamt 37 Landkreise, eine Region (Hannover) und 8 kreisfreie Städte bilden. In ihnen zeigt sich die Vielfalt des Bundeslandes und seiner Menschen. Zu den größten kreisfreien Städten gehören Braunschweig, Osnabrück und Oldenburg. Die meisten kleineren Gemeinden in Niedersachsen haben sich zu Gemeindeverbänden zusammengeschlossen, die für ihre Mitgliedsgemeinden die Verwaltungsgeschäfte führen („Samtgemeinden" von „gesamt", „zusammen"). Nach dem Bund und den Ländern bilden die Gemeinden die kleinsten Verwaltungseinheiten.

M 2 Wofür ist die Gemeinde zuständig?

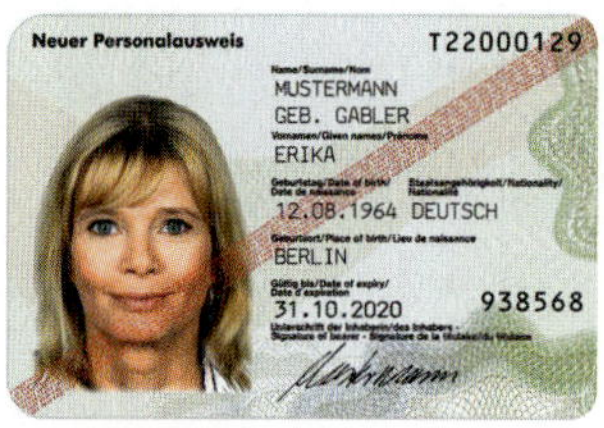

Die Gemeinde sorgt für Wasser und Energie, für Verkehrswege und deren Beleuchtung, kümmert sich um ein öffentliches Angebot für den Personennahverkehr; sie beseitigt Abwässer und Müll, baut Schulen, Kindergärten und Seniorenheime, unterhält Krankenhäuser und Friedhöfe, Gemeindehallen und Museen, Volkshochschulen und Theater. Sie bietet Freizeiteinrichtungen wie Parks und Schwimmbäder an. Die Gemeinde erschließt Gewerbegebiete und versucht, Betriebe zu gewinnen, die sich ansiedeln wollen. Auf diese Weise kümmert sie sich auch um Arbeitsplätze. Sie baut auch selbst Wohnungen. Einige dieser Aufgaben muss die Gemeinde erfüllen, bei anderen Aufgaben kann sie selbst entscheiden, ob sie dies möchte. Deshalb unterscheidet man:

<table>
<tr><th colspan="2">Pflichtaufgaben</th><th>Freiwillige Aufgaben</th></tr>
<tr><td colspan="2">Die Kommunen sind verpflichtet, die Grundversorgung der Bevölkerung mit öffentlichen Einrichtungen sicherzustellen. Zur Sicherstellung dieser Grundversorgung sind viele Aufgaben zu erledigen, die den Kommunen vom Bund oder dem Land gesetzlich auferlegt oder übertragen worden sind.
Es gibt zwei Arten von Pflichtaufgaben:</td><td rowspan="2">Freiwillige Aufgaben sind Aufgaben, bei denen die Kommune selbst entscheidet, ob und in welcher Form sie tätig wird. Im Gegensatz zu den Pflichtaufgaben stellt sich die Kommune die freiwilligen Aufgaben selbst.</td></tr>
<tr><td>Die „weisungsfreien Pflichtaufgaben“, bei denen die Kommune nur darüber entscheiden kann, wie sie die Aufgaben erledigt.</td><td>Die Pflichtaufgaben zur „Erfüllung nach Weisung“, bei denen die Kommune keinen Entscheidungsspielraum hat, wie die Aufgaben erledigt werden sollen.</td></tr>
<tr><td>z. B. Verkehrswege, öffentl. Nahverkehr, Energie- und Wasserversorgung, Müllentsorgung, Katastrophenschutz …</td><td>z. B. Einwohnermeldeangelegenheiten oder die Durchführung von Wahlen</td><td>z. B. Beratungsstellen, Museen, Bibliotheken, Jugendeinrichtungen, Sportplätze, Freibäder, Freizeitangebote, Tierparks und vieles mehr</td></tr>
</table>

Aufgaben

1. Ordne die Bilder den einzelnen Aufgabenbereichen zu (M 2).
2. Erstellt in Gruppen ein Porträt eurer Stadt / Gemeinde, und gestaltet dazu eine Wandzeitung. Die Wandzeitung könnt ihr auch mit selbst gemachten Fotos aus eurer Stadt / Gemeinde versehen.
3. Entwickelt einen 5-Punkte-Plan, was in eurer Gemeinde noch verbessert werden kann.

zu Aufgabe 1
Sammle weitere Aufgaben der Gemeinde und ordne Sie den Aufgabentypen in M 2 zu.

Wie soll die Gemeinde ihre schwächsten Mitglieder stützen?

M 3 Langzeitarbeitslos und kulturbegeistert

Konrad (45 Jahre, ledig, keine Kinder) hat Kunstgeschichte studiert und wohnt in Hannover. Als Student und auch später noch spielte er bei Amateurtheatern mit, besuchte regelmäßig Kinos und fuhr auch zu weit entfernten Kunstausstellungen. Nach seinem Abschluss war er noch einige Jahre mit Zeitverträgen bei der Universität angestellt. Danach arbeitete er als freier Autor für einige Fachzeitschriften und regionale Zeitungen, für die er meist kürzere Artikel über Theateraufführungen und Ausstellungseröffnungen schrieb. Im Zuge des Umsatzrückgangs in der Zeitungsbranche bekam er aber immer weniger Aufträge und musste sich vor drei Jahren arbeitslos melden. Nachdem Konrad zunächst ein Jahr lang Arbeitslosengeld I in Höhe von 1.250,- Euro/Monat erhalten hatte, muss er sich seitdem mit Arbeitslosengeld II („Hartz IV") in Höhe von 391,- Euro/Monat begnügen. Die Miete (inkl. Nebenkosten) für seine kleine 2-Zimmer-Wohnung und die Heizkosten werden direkt an den Vermieter bzw. den Energielieferanten bezahlt. Für Strom und alle anderen Lebenshaltungskosten muss das Arbeitslosengeld II reichen.
Konrad würde gerne wieder in seinem studierten Berufsbereich arbeiten, aber auch eine andere Stelle – bspw. in einem Büro – annehmen. Das Jobcenter konnte ihm bisher aber keinen Arbeitsplatz vermitteln.

M 4 Hannover hat höchstes Armutsrisiko

Fast jeder fünfte Einwohner Hannovers ist armutsgefährdet.

Fast jeder fünfte Einwohner Hannovers ist armutsgefährdet. Mit 19,6 Prozent verzeichnet die Landeshauptstadt beim Armutsrisiko die höchste Quote aller 15 deutschen Großstädte – auch wenn diese im Vergleich zum Vorjahr um 0,6 Prozent gesunken ist. Das teilte der Landesbetrieb für Statistik am Donnerstag mit.
Von 521.504 Bürgern, die im Jahr 2010 in Hannover registriert waren, gelten nach den Zahlen des Landesamtes 102.215 Menschen als von Armut bedroht. Das bedeutet, dass sie mit weniger als 60 Prozent des mittleren Einkommens der Gesamtbevölkerung auskommen müssen – also mit weniger als 826 Euro im Monat.

Rüdiger Meise, Hannoversche Allgemeine, 22.9.2011

M 5 Hilfe durch den HannoverAktivPass

a) Was ist der HannoverAktivPass?

Alle Empfangsberechtigten des HannoverAktivPasses (HAP) erhalten in städtischen Einrichtungen wie z. B. in Hallen- und Freibädern oder in Kultureinrichtungen einen vergünstigten Eintritt. Für den sportlichen Bereich ist mit dem Stadtsportbund Hannover eine Ermäßigung beziehungsweise ein Erlass des Vereinsbeitrages für Jugendliche vereinbart worden. [Auch viele freie bzw. private Kultureinrichtungen nehmen an dem Programm teil. Die Ermäßigungen bei Eintritten und Beiträgen bekommen die Einrichtungen und Vereine von der Stadt Hannover erstattet.]

Nach: www.hannover.de, HannoverAktivPass (6.12.2013)

b) Wer ist HannoverAktivPass-Berechtigter?

Den Pass bekommen alle, die

- Arbeitslosengeld II oder Sozialgeld vom JobCenter Region Hannover oder
- Hilfe zum Lebensunterhalt oder Grundsicherung (Sozialhilfe) vom Fachbereich Soziales (oder Senioren) der Landeshauptstadt oder […]
- als Asylbewerber Leistungen […] vom Fachbereich Soziales der Landeshauptstadt […] erhalten.

Der HannoverAktivPass wird den Berechtigten ohne Antrag automatisch zugesandt und gilt immer für ein Jahr.

Nach: www.hannover.de, HannoverAktivPass (1.12.2013)

M 6 Solidarität und Subsidiarität – zwei Prinzipien der Sozialpolitik

Der Begriff **„Solidarität"** beruht auf dem Grundgedanken der Gegenseitigkeit bzw. Wechselseitigkeit. Jedes Mitglied einer Gruppe unterstützt eines, das hilfebedürftig ist. In größeren Gemeinschaften wie Kommunen oder ganzen Gesellschaften wird das Solidaritätsprinzip abstrakter: durch staatliche Umverteilung wird (finanzielle) Hilfe für die Unterstützungsberechtigten (Arbeitslose, Kranke …) ermöglicht, ohne dass sich Unterstützender und Unterstützer kennen oder voneinander wissen (müssen).

„Subsidiarität" bedeutet, dass politische Entscheidungen und soziale Hilfeleistungen – wenn möglich und sinnvoll – zunächst auf der den Bürgern nächsten Ebene getroffen werden müssen. Zwei Ziele werden damit verfolgt: erstens seien die Entscheidungswege kürzer, die Maßnahmen exakter auf das Problem bezogen, für die Bürger nachvollziehbarer und von ihnen besser beeinflussbar; zweitens soll die Eigenverantwortung der Menschen gestärkt werden, indem sie zunächst versuchen müssen, sich selbst zu helfen.

Sowohl vom Umsetzen des Solidaritäts- als auch des Subsidiaritätsprinzips erhofft man sich eine **Stärkung des gesellschaftlichen Zusammenhalts**.

Sozialpolitik
Alle staatlichen Maßnahmen, die ein Mindestmaß sozialer Sicherheit gewährleisten (v. a. Einkommenssicherheit und Versorgung bei Krankheit, Arbeitslosigkeit …) und den sozialen Frieden in der Gesellschaft bewahren.

M 7 Wie wird der HannoverAktivPass angenommen?

Seit September 2009 ermöglicht der HannoverAktivPass (HAP) Empfängerinnen und Empfängern von Arbeitslosengeld II, Sozialhilfe oder Grundsicherung einschließlich der Familienangehörigen sowie Asylbewerberinnen und Asylbewerbern, ohne bürokratischen Aufwand Sportvereine und Kultur- und Freizeiteinrichtungen zu günstigen Bedingungen zu nutzen.

„Der Blick auf die Zahlen der Jahre 2010 bis 2012 zeigt, dass der HannoverAktivPass [...] zu einem ausgesprochenen Erfolgsmodell geworden ist. Als „Türöffner" für geringverdienende Menschen zu Sport, Freizeit und Kultur ist er bei der Zielgruppe angekommen", fasste Jugend- und Sozialdezernent Thomas Walter als Bilanz zusammen.

Insgesamt wurde der Pass seit seiner ersten Auflage am 1. September 2009 145.818 mal genutzt – davon im Jahr 2012 (66.500 Mal) fast doppelt so viel wie 2010 (34.400). Die Stadt Hannover hat in diesem Zeitraum öffentlichen oder gemeinnützigen Anbietern durch Vergünstigungen entstehende Einnahmeausfälle in Höhe von insgesamt rund 1.065.250 Euro erstattet (2010: 265.000 Euro; 2011: 361.750 Euro; 2012: 438.000 Euro). Ausgestellt wurden insgesamt 261.607 Pässe (2010: 87.200; 2011: 86.101; 2012: 88.306).

„Besonders erfreulich ist, dass ein hervorragender Aspekt, der mit der Einführung des Passes beabsichtigt war, so großen Erfolg hat – nämlich Kindern und Jugendlichen durch Mitgliedschaft in einem Sportverein Bewegung und gesellschaftliche Teilhabe zu ermöglichen", hebt Walter hervor. 2012 waren 1.802 junge Sportlerinnen und Sportler in ihren Vereinen beitragsfrei. Dafür hat die Stadt 192.000 Euro an Mitgliedsbeiträgen übernommen, 77 Prozent mehr als 2010 (108.000 Euro; 2011: 187.000 Euro). [...]

Im Haushalt 2013 stehen für den HAP 584.500 Euro zur Verfügung.

Nach: Hannover-Aktiv-Pass – Sozialdezernent Walter zieht positive Zwischenbilanz, Pressemitteilung der Stadt Hannover vom 9.4.2013

zu Aufgabe 1 a)
Schildere Konrads wirtschaftliche Lage, indem du eine Beispielrechnung aufstellst, welche Bedürfnisse sich Konrad erfüllen kann und welche (eher) nicht.

zu Aufgabe 3
Nimm zunächst Konrads Perspektive in folgenden Situationen ein:
beim Erhalt des HannoverAktivPasses;
beim Vorzeigen des HannoverAktivPasses an einer Theaterkasse.

Aufgaben

1. a) Beschreibe Konrads Situation (M 3).
b) Arbeite heraus, welche Folgen Konrads Situation für sein Gefühlsleben haben könnte.

2. a) Wie reagiert die Stadt Hannover auf Situationen wie die von Konrad? Charakterisiere den HannoverAktivPass als kommunale Maßnahme gegen „Armut" (M 5).
b) Erläutere, warum der HannoverAktivPass den sozialpolitischen Prinzipien der Solidarität und der Subsidiarität genügt (M 5, M 6).

3. Nimm Stellung zum HannoverAktivPass. Gehe dabei von der Situation der Betroffenen aus (M 7).

Wie sollte das Ehrenamt in den Kommunen gefördert werden?

M 8 Welche Bedeutung hat ehrenamtliche Arbeit?

Die ehrenamtliche Tätigkeit in Niedersachsen hat sich über Jahre und Jahrzehnte hinweg zu einer tragenden Säule unseres Gemeinwesens entwickelt. Der beispielhafte freiwillige und unentgeltliche Einsatz, den viele Menschen täglich für unser aller Wohl leisten, ist eine unschätzbar wertvolle Arbeit. Derzeit sind in Niedersachsen bereits 2,8 Millionen Menschen ehrenamtlich aktiv. Dies entspricht 41 % der Bevölkerung über 14 Jahren.
Freiwillig Engagierte sind in ihrer Arbeit auf gesellschaftliche Anerkennung, unterstützende Strukturen und geeignete rechtliche und finanzielle Rahmenbedingungen angewiesen. Gerade die Herausforderungen, vor denen wir heute stehen, wie die Bildung und Erziehung von Jugendlichen, die Integration von Zuwanderern sowie die Fürsorge für die wachsende Zahl älterer Menschen, erfordern den Einsatz aller Kräfte unserer Gesellschaft.

Niedersächsischer Landtag, Drucksache 16/5083, S. 1

Ehrenamt
Im engeren Sinn ein für eine Aufwandsentschädigung, jedoch ohne Gehalt ausgeübtes öffentliches Amt (z. B. Wahlhelfer). Im weiteren Sinn jede freiwillige, nicht bezahlte, auf die Förderung der Gesellschaft bezogene Tätigkeit.

M 9 Bereitschaft zum Ehrenamt in Niedersachsen

Quelle: Freiwilligensurvey 2009

M 10 Motive für ehrenamtlichen Einsatz

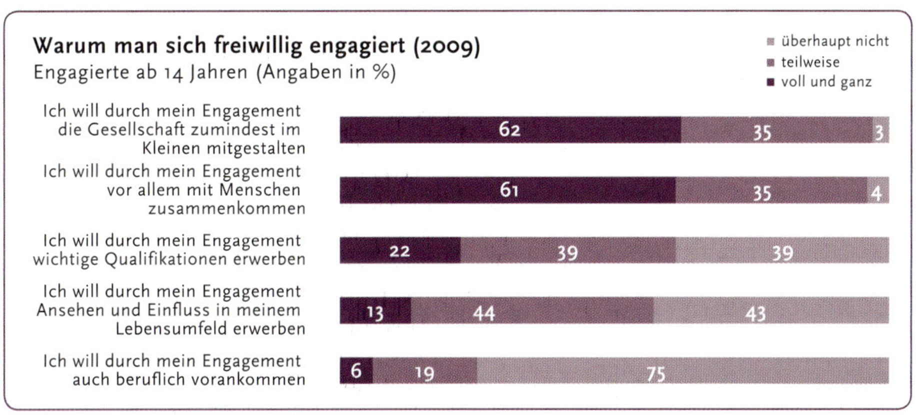

Quelle: Freiwilligensurvey 2009

M 11 Wie will Niedersachsen das Ehrenamt attraktiver machen?

a) Die Ehrenamtskarte

Was ist die Ehrenamtskarte?

Mit der Ehrenamtskarte genießen Sie Vergünstigungen in öffentlichen Einrichtungen und bei zahlreichen Anbietern. Ob Sport, Kultur oder Freizeit – die Bereiche, in denen Sie die Karte einsetzen können, sind vielfältig.

Was sind die Voraussetzungen für den Erwerb?

- Für den Bezug der Ehrenamtskarte müssen Sie mindestens 18 Jahre alt sein.
- Sie üben eine freiwillige gemeinwohlorientierte Tätigkeit ohne Bezahlung von mindestens fünf Stunden in der Woche bzw. 250 Stunden im Jahr aus.
- Zum Zeitpunkt der Beantragung einer Ehrenamtskarte besteht Ihr freiwilliges Engagement bereits mindestens drei Jahre (oder jeweils seit Bestehen der Organisation) und Sie wollen ihren Einsatz für das Ehrenamt auch zukünftig fortsetzen.
- Sie üben Ihr Engagement in Niedersachsen aus oder sind außerhalb Niedersachsens ehrenamtlich tätig.
- Sie erhalten [für zunächst drei Jahre] eine personenbezogene Ehrenamtskarte, die nicht übertragbar ist.

Nach: freiwilligenserver.de Niedersachsen, Infos zur Ehrenamtskarte (30.12.2013)

b) Der Kompetenznachweis

Engagiert in Niedersachsen – der landesweite Kompetenznachweis über ehrenamtliche Tätigkeit ist gleichermaßen Nachweis und Anerkennung für geleistetes Engagement. Mit ihm sollen Fähigkeiten und Kompetenzen sichtbar gemacht werden, die auch Schlüsselqualifikationen für die berufliche Tätigkeit und Bewerbungen sein können. Der Kompetenznachweis über ehrenamtliche Tätigkeit ist eine Gemeinschaftsinitiative der Niedersächsischen Landesregierung und des Niedersachsen-Rings. Der Niedersachsen-Ring ist das Landesnetzwerk, in dem alle relevanten Organisationen, Verbände und Initiativen Niedersachsens zur Förderung von Ehrenamt, bürgerschaftlichem Engagement und Selbsthilfe in Niedersachsen eng mit der Landesregierung zusammen arbeiten. Den Nachweis können alle Engagierten erhalten, die mindestens das 14. Lebensjahr vollendet haben und sich regelmäßig oder zeitlich befristet mindestens 80 Stunden im Jahr in einer Organisation, einem Verband, einem Verein oder einer Initiative freiwillig und ehrenamtlich engagieren.

Den Nachweis können alle Organisationen, Verbände, Vereine, Initiativen sowie Landkreise, Städte und Gemeinden ausstellen. Er muss in jedem Fall von einer autorisierten Person der Organisation oder Einrichtung unterschrieben werden, bei der

die ehrenamtlich oder freiwillig engagierte Person tätig ist.
Der Kompetenznachweis dokumentiert Zeitraum, Art und Umfang des Engagements sowohl in übersichtlich aufgelisteter Form als auch in textlich detaillierter Erläuterung. Für die erworbenen Schlüsselqualifikationen, Fähigkeiten und Kompetenzen kann die ausstellende Einrichtung aus einem vorgegebenen Pool wählen. Hierzu gehören Teamfähigkeit, Kommunikationsfähigkeit, Kooperationsfähigkeit, Konfliktlösungsfähigkeit, Kritik- und Reflektionsfähigkeit, Leitungskompetenz, Selbstständigkeit, Flexibilität, Eigeninitiative, Organisationskompetenz, Rhetorik und Präsentation sowie Belastbarkeit.

© 2013 Niedersachsen.de

c) Der Niedersachsenpreis

Das Land Niedersachsen veranstaltet jährlich in Kooperation mit den Niedersächsischen Sparkassen und den VGH Versicherungen den Wettbewerb „unbezahlbar und freiwillig". Ziel des Wettbewerbes ist die Steigerung der Motivation von ehrenamtlich Engagierten und die gesellschaftliche Anerkennung ihres Einsatzes.
Freiwilliges Engagement, mit dem Sie Sinnvolles leisten, was der Gemeinschaft zu Gute kommt – ein unbezahlbares Gefühl.
Schildern Sie uns konkret Ihr freiwilliges Engagement – für wen und mit welcher Zielsetzung Sie sich engagieren. Angesprochen ist die gesamte Bandbreite: das freiwillige Engagement von Einzelpersonen und das gemeinsame Engagement in Vereinen, Institutionen oder Freiwilligengruppen. [...]
Es werden zehn Preise für die Bereiche Kultur, Sport, Kirche/religiöse Gemeinschaften, Umwelt und Soziales im Gesamtwert von 30.000 Euro verliehen.
Ein zusätzlicher jährlich wechselnder Sonderpreis ist mit 3.000 Euro dotiert.
Die Preisübergabe erfolgt im Rahmen einer attraktiven Abschlussveranstaltung in Hannover.

Nach: freiwilligenserver.de Niedersachsen, Niedersachsenpreis (30.12.2013) und www.unbezahlbarundfreiwillig.de, Der Niedersachsenpreis für Bürgerengagement (30.12.2013)

Aufgaben

1. Schildere dir bekannte Felder ehrenamtlichen Engagements (M 8).
2. Beschreibe und analysiere die Statistiken (M 9, M 10).
3. Entwickle Möglichkeiten, das ehrenamtliche Engagement in Niedersachsen weiter zu erhöhen.
4. Beurteile die drei dargestellten Versuche, Zahl und Einsatz der Ehrenamtlichen zu steigern (M 11). Geht dabei arbeitsteilig vor und berücksichtigt eure bisherigen Ergebnisse.

zu Aufgabe 1
Beachte u. a. die Bereiche Sport, Umweltschutz und Soziales.

zu Aufgabe 4
Überprüfe, inwieweit die Maßnahmen zu den Motiven der Ehrenamtlichen passen (M 11).

Was wir wissen

Aufgaben der Gemeinde
M 1, M 2

Die Aufgaben einer Gemeinde sind umfassend und betreffen das tägliche Leben. Dazu gehören Pflichtaufgaben (z. B. Trinkwasserversorgung, Energieversorgung, Abfallentsorgung, Unterhalt von Straßen ...) und freiwillige Aufgaben (Freibäder, Sporthallen, Theater, Bibliotheken ...). Im Auftrag von Bund und Land muss die Gemeinde darüber hinaus als untere Verwaltungsbehörde staatliche Aufgaben erfüllen (Pass- und Meldewesen, Gesundheitsämter, Katastrophenschutz, Durchführung von Wahlen ...).

Sozialpolitik in der Gemeinde
M 3 – M 7

Gemeinden führen sozialpolitische Maßnahmen einerseits als weisungsgebundene Aufgaben durch (wie z. B. die Arbeitslosenverwaltung) und entscheiden andererseits über freiwillige Unterstützung von Menschen in (finanziellen) Notsituationen (z. B. das Betreiben von Krankenhäusern).
Um sozial benachteiligte Menschen gesellschaftlich einzubinden, hat die Stadt Hannover den HannoverAktivPass als freiwillige Aufgabe beschlossen, mit dem Bürger vergünstigt in Theater, Museen usw. gelangen und auch niedrigere Mitgliedsbeiträge in Sportvereinen bezahlen müssen (Hannover erstattet den „Verlust" an Eintrittsgeld bzw. Beitrag zurück). Einziger Nachteil: Das Vorzeigen des Passes könnte Scham auslösen, weil der Inhaber offenbart, dass er in Not ist.
Am HannoverAktivPass zeigt sich das **Solidaritätsprizip**, da er vom wohlhabenderen Teil der Bevölkerung über Steuern und Abgaben für die Bedürftigen getragen wird. Auch das **Subsidiaritätsprinzip** – Entscheidungen auf der den Bürgern nächsten Ebene zu treffen – ist umgesetzt, schließlich ist der Pass nur für und genau auf Hannover abgestimmt.

Ehrenamt in der Gemeinde
M 8 – M 11

Sozialpolitik allein reicht nicht aus, um Gemeinwohl vor Ort zu erreichen. Daher fordern viele Politiker, das Ehrenamt – also die freiwillige, unbezahlte Arbeit für die Gesellschaft – zu stärken. Die Hälfte der Niedersachsen sind zu freiwilliger Arbeit bereit und wollen dadurch überwiegend die Gesellschaft mitgestalten und mit Menschen zusammen sein. Ansehen oder berufliche Qualifikationen stehen deutlich im Hintergrund.
Daher ist es auch wenig Erfolg versprechend, wenn das Land Niedersachsen das Ehrenamt mit Vergünstigungen für die Ehrenamtlichen (bei Eintritten usw.) oder einem Kompetenznachweis über ehrenamtlich erworbene Fähigkeiten stärken möchte. Der Ehrenamtspreis dient immerhin dazu, freiwilligen Einsatz bekannt zu machen.

Kritische Zustände in Flüchtlingsunterkunft

„Wenn die Gemeinde doch weiß, dass die Familien kommen – warum kümmert sie sich dann nicht?“, sagt Raida Mohammed, die selbst vor 13 Jahren aus Syrien nach Deutschland kam. Sie ist ratlos und entsetzt zugleich. „Entweder ist die Gemeinde überfordert oder schlichtweg nicht bereit zu helfen. Die Verwaltung taucht ab“, kritisiert Nachbar Wolfgang Dorn. [...]
Die Behausung, die doch eigentlich Zuhause sein sollte für die 13-köpfige Familie, steht an der Hauptstraße mitten in Isernhagen F.B. Wer die Wohnung betritt, der bemerkt zuerst die Kälte. Die Thermostate stehen auf höchster Stufe, doch richtig warm werden die Zimmer nicht. Ein undichtes Fenster ist notdürftig mit einem Stück Pappe und etwas Schaumstoff verbarrikadiert. In alten Anschlüssen für Ofenrohre stecken Plastiktüten gegen die schlimmste Zugluft. Um nicht noch mehr Kälte hineinzulassen, bleiben die Fenster meist geschlossen – innen läuft Kondenswasser die Scheiben herunter, auf dem Flur und im Wohnraum lösen sich die Tapeten, im Bad finden sich Schimmelflecken – und durch ein Leck läuft ständig Wasser aus der Toilette. In der Küche fällt als Erstes das Geschirr auf, das auf dem Esstisch steht – Schränke sind dort ebenso Mangelware wie in den drei Schlafzimmern, die sich die vier Erwachsenen und neun Kinder teilen müssen. Die Nächte verbringt die Familie Balil auf dünnen Matratzen – und die paar Decken, die vorhanden sind, stammen nicht von der Gemeinde, sondern aus privaten Spenden. Der Erste Gemeinderat Frank Niemeier konnte sich den Zustand der Wohnung am Mittwoch nicht recht erklären. Mitarbeiter der Gemeindeverwaltung hätten die Unterkunft vor dem Einzug der Familie besichtigt und keinerlei Mängel festgestellt, gab er Auskunft. [...]
Genau bei diesem Kümmern sieht Wolfgang Dorn die Gemeinde auch in der Pflicht. „Sie zeigt zu wenig Engagement“, sagt der Isernhagener SPD-Chef, der schräg gegenüber der Flüchtlingsunterkunft wohnt und von Bürgern auf die Verhältnisse aufmerksam gemacht wurde. [...] Dorn will in den nächsten Tagen auch einige Möbel vorbeibringen, unter anderem ein Sideboard für die Küche und eine ausrangierte Sofaecke – auch so etwas gibt es in der Wohnung bislang nicht. [...]
Eine Frau wollte noch am Mittwoch einige Bettdecken spendieren. Insgesamt sechs Bürger hätten sich mittlerweile bei ihm gemeldet, die der Flüchtlingsfamilie helfen wollten, berichtet Dorn – und auch der Förderverein der Grundschule in N.B., die drei der Kinder besuchen, sowie die Partei der Grünen hätten ihre Unterstützung angekündigt. „Toll wären zum Beispiel einige funktionsfähige Fahrräder“, hofft Dorn auf weitere Sachspenden.
Frank Walter, Neue Presse, 7.11.2013

Aufgaben

1. Ordne die Unterbringung von Bürgerkriegsflüchtlingen in die Aufgabenbereiche der Gemeinden ein.
2. Die Gemeinden sehen sich durch die steigende Zahl von Flüchtlingen überfordert. Bildet Arbeitsgruppen, in denen ihr Lösungsvorschläge für die Gemeinden entwickelt, um die vorherrschenden Probleme zu lösen. Haltet eure Vorschläge auf Plakaten für eine Präsentation fest.

1.6 Wie finanziert sich eine Gemeinde?

Woher bekommt die Gemeinde ihr Geld?

M 1 Dafür braucht die Gemeinde Geld

Langersehnter Wunsch der Sportvereine geht in Erfüllung: Stadt baut neue Sportanlage.

Neues Müllfahrzeug wird angeschafft.

Neue Busse mit Erdgasantrieb sorgen für umweltfreundliche Mobilität.

Die neue Stadtbibliothek wird eröffnet.

Die Grundschule erhält eine neue Wärmedämmung.

Die Kita wird um einen neuen Spielplatz für die Kleinen ausgebaut.

M 2 Woher bekommt die Gemeinde Geld?

Alles das, was in der Gemeinde gestaltet, gebaut und unterhalten werden soll, kostet selbstverständlich Geld. Aber woher nimmt die Gemeinde das Geld für die vielfältigen Aufgaben? Einen Großteil davon erhält sie durch Steuern. Steuern sind allgemeine Abgaben der Bürger und Unternehmen, für die sie keine konkrete Gegenleistung erwarten können. Manche dieser Steuern erhebt die Gemeinde selbst, wie zum Beispiel die Gewerbesteuer für Unternehmen, die Grundsteuer für Hausbesitzer oder die Hundesteuer für Hundehalter. Von anderen Steuern, die das Land oder der Bund erheben, bekommt die Gemeinde einen Anteil. Außerdem bekommt die Gemeinde Zuschüsse von Bund und Land für konkrete Projekte. Wenn du ins Schwimmbad gehst und dort Eintritt bezahlst, zählt das auch zu den Einnahmen einer Gemeinde. Genauso wie die Gebühren für die Abwasserentsorgung und die Müllabfuhr. Auch das Geld für Strafzettel fließt in die Gemeindekasse. Wenn die Gemeinde nicht genügend Geld hat, um alle Ausgaben zu finanzieren, kann sie auch einen Kredit aufnehmen, d. h., dass sie sich zusätzlich Geld z. B. von einer Bank leihen muss.

M 3 Welche unterschiedlichen Steuern gibt es?

Zu den direkten Steuern zählen alle Steuern auf Einkommen, Vermögen und Kapitalerträge, also alle Besitzsteuern. Direkte Steuern erfassen das Einkommen bei seiner Entstehung; sie orientieren sich an der persönlichen oder sachlichen Leistungsfähigkeit der Steuerpflichtigen. Als Grundlage der Steuerbemessung dient z. B. das jährliche Gesamteinkommen.
Indirekte Steuern sind die Verkehr- und Verbrauchsteuern. Ihr Bezugspunkt ist die Verwendung des Einkommens. [...] Wichtigste indirekte Steuer ist die Umsatzsteuer (Mehrwertsteuer). Besitzsteuern gliedern sich in Personen- und Realsteuern. Zu den Personensteuern gehören die von natürlichen und juristischen Personen erhobenen Einkommen-, Körperschaft- und Erbschaftsteuern. Realsteuern lasten hingegen auf bestimmten Vermögensgegenständen und werden bei denen erhoben, denen diese Gegenstände zuzurechnen sind (Grundsteuer, Gewerbesteuer).

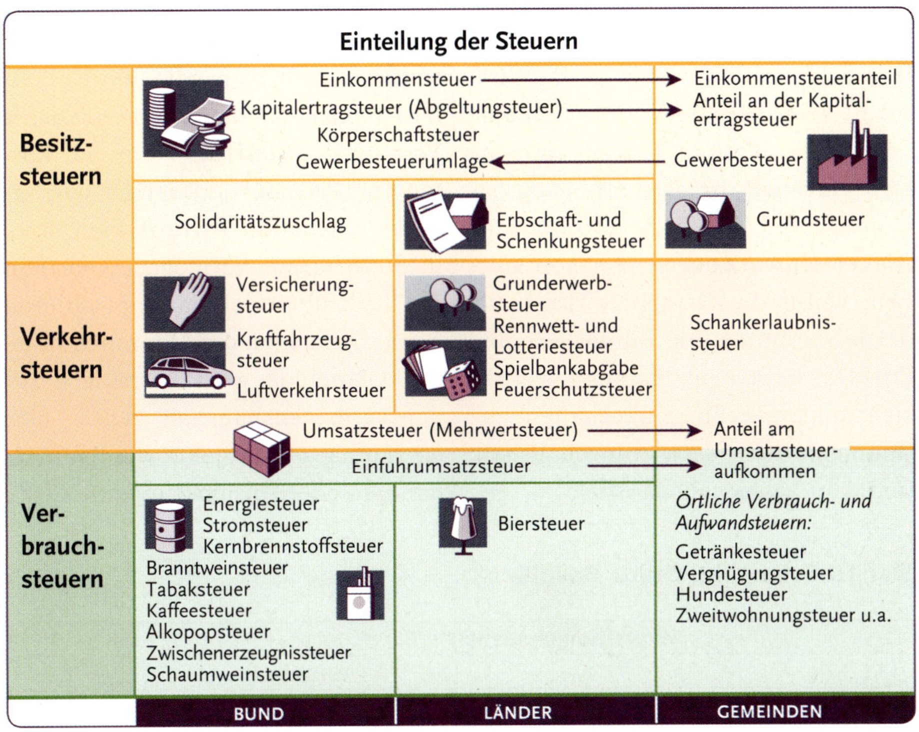

Aufgaben

1. Erläutere, woher eine Gemeinde ihr Geld bekommt (M 2).
2. Arbeite heraus, welche unterschiedlichen Formen von Steuern es gibt und ordne die Einnahmen einer Gemeinde den unterschiedlichen Steuern zu (M 3).

Viele Wünsche – wenig Geld: Wofür gibt eine Gemeinde ihr Geld aus?

M 4 Übersichtlich soll es sein – der Haushalt einer Gemeinde

Um vernünftig planen zu können, erstellt die Gemeinde für jedes Jahr eine Übersicht der geplanten Ausgaben und der erwarteten Einnahmen. Diese Übersicht wird „Haushalt" genannt. Der Haushaltsplan gilt jeweils für den Zeitraum vom 1. Januar bis zum 31. Dezember. Er ist ein Arbeits- und Wirtschaftsplan, der verdeutlicht, welche Vorhaben eine Gemeinde verwirklichen möchte und wo sie ihre Schwerpunkte setzt (z. B. Wirtschaft oder Soziales). Der Gemeinderat muss diesem Plan zustimmen. Der Haushalt ist deshalb auch so wichtig, weil Gemeindevertreter und Bürger schwarz auf weiß sehen können, wofür die Gemeinde das Geld der Bürgerinnen und Bürger ausgibt. Der Haushalt einer Gemeinde setzt sich aus zwei Einzelhaushalten zusammen: dem Verwaltungshaushalt und dem Vermögenshaushalt.

Im **Verwaltungshaushalt** werden alle laufenden, d. h. regelmäßig wiederkehrende Ausgaben und Einnahmen erfasst. Finanziert werden diese Ausgaben v. a. über Steuereinnahmen, staatliche Zuweisungen an die Gemeinde und Verwaltungs- und Betriebseinnahmen (z. B. Eintrittsgelder). Im **Vermögenshaushalt** werden demgegenüber nicht regelmäßige Ausgaben und Einnahmen erfasst, sondern Ausgaben, die ein längerfristig oder gar dauerhaft nutzbares Vermögen schaffen. Während Kosten für Personal jedes Jahr wiederkehren, schaffen Investitionen, z. B. in Straßen, ein Vermögen, von dem die Stadt über viele Jahre profitieren kann. Oft achten die Menschen in einer Gemeinde ganz besonders auf den Vermögenshaushalt, geht es hier doch um große Projekte wie Baumaßnahmen oder Anschaffungen.

Der Haushalt der Stadt Baselberg

Verwaltungshaushalt			
Einnahmen	**€**	**Ausgaben**	**€**
Gewerbe- und Grundsteuer	43,4 Mio.		
Gemeindeanteil an der Einkommens- und Umsatzsteuer	34,8 Mio.		
Staatliche Zuweisungen	21,2 Mio.		
Verwaltungs- und Betriebseinnahmen	35,9 Mio.	Sonstige Ausgaben	15,3 Mio.
Summe			
Vermögenshaushalt			
Einnahmen	**€**	**Ausgaben**	**€**
Zuweisungen durch Bund und Land	7,6 Mio.		
Entnahme aus Rücklagen	7,4 Mio.		
Kreditaufnahme	3,3 Mio.		
Summe			

M 5 Die Ausgaben der Stadt Baselberg

Aufgaben

1. Entscheide zuerst, ob es sich bei den einzelnen Posten um wiederkehrende Ausgaben handelt oder nicht. Ordne die Ausgaben dann dem Verwaltungshaushalt oder dem Vermögenshaushalt zu und begründe deine Entscheidung (M 4, M 5).
2. Die Gemeinde Baselberg bekommt ein Problem: Aufgrund einer Wirtschaftskrise brechen die Einnahmen aus der Gewerbe- und der Einkommenssteuer um 4 Mio. € ein. Die Gemeinde muss jetzt sparen. Bildet Gruppen und versetzt euch in die Rolle von Ratsmitgliedern. Beurteilt aus deren Sicht, welcher Haushalt zuerst betroffen ist und welche Vorhaben ihr streichen oder kürzen wollt. Berücksichtigt dabei, dass ihr als gewählte Ratsmitglieder für alle Bürgerinnen und Bürger verantwortliche Entscheidungen treffen müsst. Präsentiert und diskutiert eure Pläne in der Klasse.

Was, wenn das Geld nicht reicht?

M 6 Karikatur: Leere Kassen im Stadtbad

Mester, Baaske Cartoons, Müllheim

M 7 Jede dritte Großstadt erstickt in Schulden

Großstädte mit der höchsten Verschuldung

Schuldenstand aus Krediten, Wertpapieren und Kassenkrediten* in Mrd. Euro

1.	Essen	3,244
2.	Köln	2,724
3.	Duisburg	2,182
4.	Dortmund	2,133
5.	Oberhausen	1,757
6.	Wuppertal	1,688
7.	Frankfurt am Main	1,614
8.	Bochum	1,509
9.	München	1,362
10.	Hannover	1,340
11.	Bonn	1,289
12.	Nürnberg	1,269
13.	Mönchengladbach	1,250
14.	Hagen	1,211
15.	Mainz	1,121

* *ohne Schulden der Eigenbetriebe*

Quellen: Statistisches Bundesamt und Statistische Landesämter

Immer mehr deutsche Großstädte rutschen in die Schuldenfalle – und können ihr aus eigener Kraft nicht mehr entfliehen. Trotz […] sprudelnder Steuereinnahmen stieg die Zahl der deutschen Städte mit einer sehr hohen Verschuldung zwischen 2010 und 2012 von 14 auf 21. Fast jede dritte deutsche Großstadt ist damit stark verschuldet. Doch nicht längst allen Gemeinden droht der Kollaps. „Die deutsche Städtelandschaft entwickelt sich zu einer Zwei-Klassen-Gesellschaft". Denn während reiche Städte beim Schuldenabbau gut vorankommen, geht es den finanzschwachen Gemeinden immer schlechter.

Nach: Martin Greive, www.welt.de, 10.12.2013

Kollaps
Zusammenbruch

M 8 Verschuldung belastet vor allem Jüngere

Die heute gemachten Staatsschulden treffen laut einer Studie vor allem künftige Generationen. […] Wer zwischen 1980 und 2000 geboren ist, hat schlechte Karten. Denn diese Jahrgänge trifft die schwere Last der Staatsverschuldung am härtesten. […]

Das Ausmaß der Staatsverschuldung sei besorgniserregend […]. Daher [wird] eindringlich vor den Folgen des Lebens auf Pump [gewarnt]: Dieses könne zu enormen [Verwerfungen zwischen den Generationen] führen. Soll heißen: Die unterschiedliche Altersgruppen werden sehr verschieden von den Auswirkungen betroffen und belastet sein. […] Der Studie zufolge hat sich die deutsche Staatsverschuldung in drei Wellen aufgebaut: In den siebziger Jahren beim Ausbau des Sozialstaats. Dann weiter in den neunziger Jahren nach der Wiedervereinigung. Und aktuell in Folge der Finanz- und Wirtschaftskrise. […]

Auf längere Sicht führe kein Weg an der Reduzierung der Staatsschulden vorbei. […] Der Staat müsse entscheiden: Ausgaben senken oder Einnahmen erhöhen – auch wenn beide Möglichkeiten ihre Nachteile hätten.

yes/dpa, Spiegel online, 30.6.2009

Verwerfungen
hier: Streit, Ungerechtigkeiten zwischen den Generationen

Generationengerechtigkeit
Eine Vorstellung von Gerechtigkeit, die auf eine faire Aufteilung der Chancen für junge und alte Menschen abzielt. Viele Kritiker sehen in den hohen Schulden der Gemeinde einen Verstoß gegen dieses Gerechtigkeitsprinzip.

Aufgaben

1. Erläutere ausgehend vom Vermögens- und Verwaltungshaushalt einer Gemeinde, wie Schulden entstehen.
2. Erkläre, welche positiven und negativen Folgen Schulden haben.
3. „Schulden gehen immer zu Lasten der jungen Generation." Überprüft diese Aussage auch mithilfe der unten genannten Argumente.

Es kommt darauf an, was mit den Schulden finanziert wird. Werden Kindergärten und Schulen saniert, dann profitieren v. a. junge Menschen.	Irgendwann müssen die Schulden zurück bezahlt werden. Die Schulden von heute sind deshalb immer die Steuern von morgen.
Muss eine Gemeinde Schulden aufnehmen, um Zinsen für alte Schulden zu bezahlen, dann sitzt sie in einem Teufelskreis fest.	Nimmt eine Gemeinde Schulden auf, um ein neues Gewerbegebiet zu errichten, dann kann dies zu mehr Wirtschaftswachstum und dadurch zu mehr Einnahmen führen. Davon profitieren die Menschen auch in der Zukunft.

Recherchiere, ob deine Gemeinde bzw. Stadt Schulden macht.

Was wir wissen

Die Finanzen der Gemeinde
M 2

Um ihre Aufgaben zu finanzieren, brauchen die Gemeinden Geld. Sie sind berechtigt, Steuern (Grund- und Gewerbesteuern, Hundesteuer, Vergnügungssteuer u. a.), Verwaltungsgebühren (als Gegenleistungen für Amtshandlungen wie z. B. die Ausstellung eines Reisepasses), Benutzungsgebühren (für die Inanspruchnahme öffentlicher Einrichtungen wie z. B. Abwasserbeseitigung, Bibliotheken oder Freibäder) sowie Beiträge (z. B. für Investitionen in die Infrastruktur) zu erheben. Zusätzlich erhalten sie Anteile aus dem Steueraufkommen von Bund und Land und zweckgebundene Zuweisungen.

Arten von Steuern
M 3

Grundsätzlich unterscheidet man direkte von indirekten Steuern. Zu den direkten Steuern zählen u. a. Steuern auf Einkommen und Vermögen. Hier greift der Staat auf das Einkommen bei seiner Entstehung zu. Indirekte Steuern sind Verkehrs- oder Verbrauchssteuern. Der Staat besteuert hier die Verwendung des Einkommens, d. h. wofür gebe ich mein Geld aus. Die wichtigste Steuer ist hier die Mehrwertsteuer.

Haushaltsplan
M 4

Der Haushalt einer Gemeinde besteht aus zwei Einzelhaushalten: dem Verwaltungshaushalt und dem Vermögenshaushalt. Im Verwaltungshaushalt werden alle laufenden, d. h. regelmäßig wiederkehrende Ausgaben und Einnahmen erfasst. Im Vermögenshaushalt werden demgegenüber nicht regelmäßige Ausgaben und Einnahmen erfasst, sondern Ausgaben, die ein längerfristig oder gar dauerhaft nutzbares Vermögen schaffen.

Verschuldung und Generationengerechtigkeit
M 7, M 8

Viele große Gemeinden und Städte in Deutschland kämpfen mit einer sehr hohen Verschuldung. Schulden entstehen, wenn die Gemeinden oder Städte dauerhaft mehr Geld ausgeben als sie einnehmen. Mit Schulden finanzieren die Gemeinde und Städte Bauprojekte, aber auch Ausgaben für soziale Dienste oder kommunale Leistungen wie Bibliotheken. Kritiker dieser Politik sehen darin einen Verstoß gegen das Prinzip der Generationengerechtigkeit, da die Schulden von heute die Steuern von morgen seien. Dies betreffe v. a. die jungen Menschen, die in Zukunft höhere Steuern zahlen müssten. Politiker, die die Verschuldung verteidigen, weißen darauf hin, dass es entschieden sei, wofür das Geld ausgegeben werde. Werden z. B. Schulen und Kindergärten gefördert, dann würden die jungen Menschen durchaus von den Schulden profitieren. Auch Investitionen in die Infrastruktur zahlen sich in Zukunft aus und das nützt den jungen Menschen von heute dann auch.

Kinderliebe?

Karikatur: Plaßmann / Baaske Cartoons

Aufgaben

1. Interpretiere die Karikatur.
2. Verfasse anschließend aus der Sicht der Kinder und der Eltern je einen Kommentar zur Frage, ob Schulden gegen das Prinzip der Generationengerechtigkeit verstoßen.

Manchmal wird einem die Frage gestellt, welche drei Dinge man auf eine einsame Insel mitnehmen würde. Für Daniel Defoes Helden im berühmten Roman „Robinson Crusoe“ (1719) ist diese Frage bitterer Ernst. Der junge Engländer kann sich als einziger Überlebender eines Schiffbruchs auf eine einsame Insel retten.

Nachdem ich mein Gemüt mit der erfreulichen Seite meiner Lage getröstet hatte, [...] schwand meine Freude bald wieder, und ich fand meine Errettung, kurz gesagt, furchtbar, denn ich war durchnässt, hatte keine Kleidung zu wechseln oder irgendetwas Ess- oder Trinkbares [...]. Mit einem Wort, ich hatte nichts bei mir außer einem Messer, einer Tabakspfeife und ein bisschen Tabak in der Dose. Ich ging ungefähr eine Achtelmeile vom Ufer fort, um Trinkwasser zu suchen; zu meiner großen Freude fand ich auch welches, und nachdem ich getrunken hatte, nahm ich ein wenig Tabak in den Mund, um dem Hunger vorzubeugen.

Daniel Defoe, Robinson Crusoe, Erster Teil, München 1981, übersetzt von Lore Krüger, S. 68 ff.

Robinson gelingt es schließlich, das gestrandete Schiff zu erreichen und mithilfe eines Floßes Gegenstände auf die Insel zu transportieren.

2

Konsumentscheidungen Jugendlicher

Jeden Tag treffen Menschen sehr viele Entscheidungen, die zum großen Bereich des Wirtschaftens, der Ökonomie, gehören. Was kann ich mir vom nächsten Taschengeld leisten? Soll ich sparen oder Geld ausgeben? Welches Produkt soll ich kaufen? Wie alles aus deiner Sicht als Verbraucher zusammenhängt, erfährst du in diesem Kapitel.

Kompetenzen

Am Ende dieses Kapitels solltest du Folgendes können:

- erklären, warum wir wirtschaften, und grundlegende ökonomische Fachbegriffe anwenden
- erläutern, wie sich Preise auf Märkten bilden, und welche Funktionen Preise und Märkte haben
- einen einfachen Wirtschaftskreislauf erklären
- einen Haushaltsplan erstellen und führen
- rechtlich beurteilen, welche wirtschaftlichen Entscheidungen ein Jugendlicher alleine treffen darf
- Möglichkeiten des Verbraucherschutzes beschreiben und dessen Notwendigkeit beurteilen
- verschiedene Einflüsse auf Kaufentscheidungen kennen, z. B. Werbung, und eine verantwortliche Konsumentscheidung treffen

Was weißt du schon?

- Stelle ein Warenmagazin für Robinson zusammen und ordne die Güter nach ihrer Dringlichkeit.
- Nenne Bedürfnisse, die sich Robinson wohl nicht erfüllen kann.

2.1 Was heißt Wirtschaften?

Das Grundproblem – knappe Güter und grenzenlose Bedürfnisse

M 1 Ich überlegte mir, was ich am dringlichsten brauchte ...

[N]achdem ich gründlich darüber nachgedacht hatte, was ich am nötigsten brauchte, holte ich mir zunächst die drei Seemannskisten, die ich aufgebrochen und geleert hatte, und ließ sie auf das Floß hinab; die erste davon füllte ich mit Vorräten, und zwar mit Brot, Reis [...]. Nach langem Suchen fand ich die Kiste des Schiffszimmermanns, die tatsächlich eine nützliche Beute und damals wertvoller für mich war als eine Schiffsladung Gold. [...] Als nächstes kümmerte ich mich um Waffen und Munition. In der großen Kajüte hingen zwei ausgezeichnete Vogelflinten und zwei Pistolen; diese sicherte ich mir [...]. Trotz meiner Annahme, ich hätte die Kajüte so gründlich durchsucht, dass nichts mehr zu finden war, entdeckte ich ein Spind mit Schubladen und in einer davon drei Rasiermesser, eine große Schere sowie 10 oder 12 gute Messer und Gabeln; in einer anderen fand ich ungefähr sechsunddreißig Pfund in Bargeld, einige europäische und brasilianische Münzen sowie spanische Pesos, ein paar in Gold, ein paar in Silber. Ich lächelte innerlich bei dem Anblick des Geldes. „Oh du Rauschmittel", sagte ich laut, „wozu bist du nütze? Es lohnt nicht einmal dass ich dich vom Boden aufhebe [...]."

Daniel Defoe, Robinson Crusoe, Erster Teil, München 1981, übersetzt von Lore Krüger, S. 68 ff.

M 2 Die Rangordnung der menschlichen Bedürfnisse

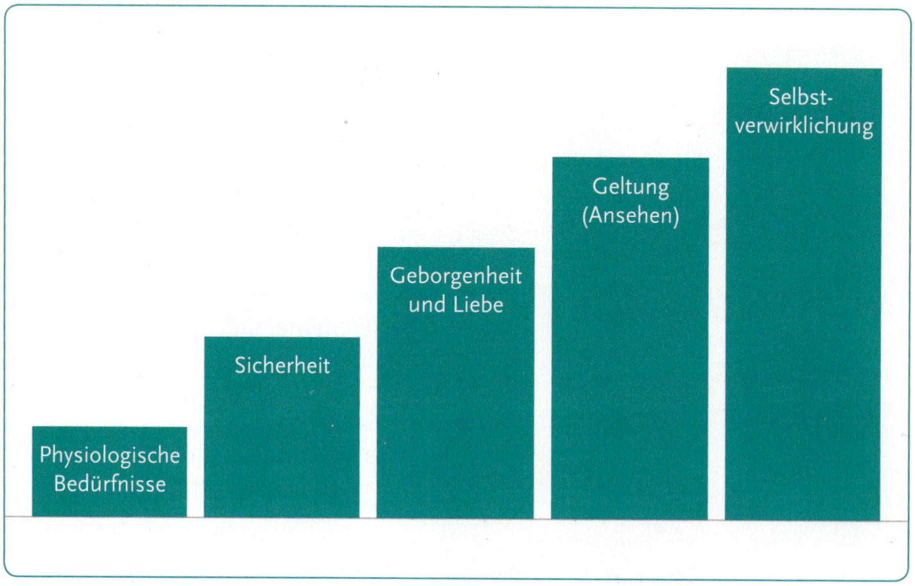

Die Stufenleiter der Bedürfnisse wurde von dem amerikanischen Forscher Abraham Maslow (1908 – 1970) entwickelt. Die ersten vier Bedürfnisse nennt Maslow auch „Defizitbedürfnisse", da sie ein Gefühl des Mangels hervorrufen und negative Folgen wie z. B. Krankheit zu erwarten sind, wenn diese Bedürfnisse nicht ausreichend befriedigt werden. Wenn ein Bedürfnis erfüllt ist, tritt das nächst höhere an seine Stelle. Je höher das Bedürfnis, desto später in der Entwicklung einer Person entsteht es und desto weniger wichtig ist es für das reine Überleben, denn es kann leichter aufgeschoben werden.

M 3 Das ewige „Mehr"

Immer mehr zu wollen, ist ein Phänomen unserer Zeit, ein Spiegelbild unserer Lebensweise, und doch ist es etwas, das selten als Phänomen erkannt wird. Es prägt unser Verhalten, ohne, dass wir es begreifen. Wir nehmen gar nicht wahr, dass dies oft unseren Emotionen und Handlungen vorausgeht.

In unseren Gefühlen und Erfahrungen nimmt das Verlangen nach Mehr überhand. Vielleicht gehört dieses Phänomen von Natur aus zum Menschsein. Oft organisieren wir unser Leben rund um dieses Verlangen und messen den Erfolg unseres Lebens daran, wie erfolgreich wir darin sind, uns immer mehr zu verschaffen, von was auch immer wir in einem bestimmten Moment wollen.

Zudem leben wir in der Angst nicht noch mehr zu erreichen. Wenn wir mit der Familie oder mit Freunden sprechen, dreht sich vieles darum, mehr zu bekommen: Wer hat mehr hiervon, wer mehr davon?

In den USA wird Mehr als kultureller Wert gefeiert. Man will mehr Zimmer in seinem Haus oder einen besser durchtrainierten Körper oder Autos mit mehr PS oder mehr Status, mehr Geld, mehr Kleidung, mehr Bildung – die Liste ist endlos.

Phillipp Moffitt, übersetzt von Peter Brandenburg, www.52wege.de/mehr (30.10.2013)

Eigentlich sollte er in einem Klassenzimmer sitzen. Stattdessen verkauft der zehnjährige Jawad Ali auf dem Khyber-Bazar in der nordwestpakistanischen Stadt Peschawar Sandalen, die er zuvor im Müll gefunden hat. So trägt er aktiv zum Lebensunterhalt seiner Familie bei, die vor zwei Jahren vor der Gewalt in den angrenzenden afghanischen Stammesgebieten geflohen ist.

Aufgaben

1. Ordne die Bedürfnisse Robinsons (M 1) und die Bedürfnisse, die sich aus deinem zusammengestellten Warenmagazin ergeben, den Stufen in M 2 zu.
2. Erläutere, welche Bedürfnisstufen Robinson auf der Insel wohl kaum erklimmen kann (M 1, M 2).
3. Robinson (M 1) hält nicht viel von den Geldstücken, die er findet, obwohl diese auf der Insel rar sind. Erkläre seine Haltung.
4. Überprüfe, ob dein wirtschaftliches Verhalten vom Verlangen nach „Mehr" bestimmt wird (M 3).
5. Sollen wir unser wirtschaftliches Verhalten vom Verlangen nach „Mehr" ausrichten? Diskutiert diese Frage in der Klasse.

+ Erläutere ausgehend vom Bild und Text in der Randspalte, inwiefern die Lebensumstände die Bedürfnisse und wirtschaftlichen Aktivitäten von Menschen bestimmen.

Wirtschaften heißt entscheiden – wie sollen wir uns bei Knappheit entscheiden?

M 4 Warum gibt es von allem immer zu wenig? – Ellas Probleme

Ella ist eine ganz normale Schülerin. Sie geht in die achte Klasse des Gymnasiums und hat einen gut gefüllten Stundenplan. Da ist sie froh, dass sie noch ein Instrument spielen kann und auch noch Zeit für ihren Lieblingssport Basketball findet. Aber Ella würde gerne viel mehr machen. Deshalb hat sie einmal aufgeschrieben, was sie noch zusätzlich unternehmen würde und welche Mittel ihr zur Verfügung stehen.

Ellas Pflichtprogramm	Ellas Wunschprogramm	Ellas Mittel (Ressourcen)
• Eine Klarinettenstunde wöchentlich • Dreimal Basketballtraining in der Woche • Eltern im Haushalt helfen • Unterrichtsbesuch • Hausaufgaben machen, auf Klassenarbeiten lernen	• Freunde treffen • Chillen und Chatten • Shoppen • Saxophon lernen • Gesangsunterricht nehmen • Bei einer Musicalaufführung mitmachen • Öfter ausschlafen • Reitstunden nehmen • Einen Chauffeur, der sie zu den Terminen bringt	• Eltern können Klarinettenstunden bezahlen • Eltern können Basketballsport finanzieren • 50 Euro Taschengeld im Monat • Zeit reicht für Pflichtprogramm und eine weitere Aktivität

Nach einer Idee aus: Winand von Petersdorff, Das Geld reicht nie, 2. Aufl., Frankfurt a. M. 2008, S. 9 f.

M 5 Wirtschaften heißt entscheiden

Ella hat eine Vielzahl von Bedürfnissen, ihre Mittel zur Erfüllung aller Wünsche (Geld und Zeit) sind jedoch begrenzt. Letztlich geht es allen Menschen wie Ella. Sie können sich nicht alle Wünsche erfüllen. Deshalb müssen wir alle entscheiden, für welche Wünsche wir unsere Mittel (Ressourcen) einsetzen.

Gibt es eine Regel dafür, wie wir uns entscheiden? Im wirtschaftlichen Denken besteht die Regel darin, den Nutzen einer Handlung mit den Kosten, welche die Handlung verursacht, zu vergleichen. Ella muss sich evtl. zwischen Basketball und Reiten, zwischen im Haushalt helfen und Shoppen gehen oder zwischen Ausschlafen und Chatten entscheiden. Dabei wird sie die Kosten und den Nutzen der Alternativen abwägen. Entscheidet sie sich für Basketball sind die Kosten die entgangenen Freuden an Reitstunden, entscheidet sie sich fürs Shoppen mit Freunden, sind die Kosten der Ärger mit den Eltern, entscheidet sie sich fürs Chatten, sind die Kosten der Kampf mit

Kosten
Darunter fallen nicht nur direkte Geldkosten, sondern auch Kosten im übertragenen Sinn, wie z. B. verletzte Gefühle, entgangene Gelegenheiten oder verschwendete Zeit.

Nutzen
Darunter fallen ebenfalls nicht nur direkte in Geld messbare Nutzen, sondern im übertragenen Sinn jeglicher Vorteil, wie z. B. Zeitgewinn, Genuss oder Ansehen.

dem Schlaf während des Unterrichts. Wirtschaftswissenschaftler (Ökonomen) nennen diese Kosten für die Alternativen Alternativkosten oder Opportunitätskosten. Da Menschen nach Auffassung der Ökonomen bestrebt sind, den größtmöglichen Nutzen für sich zu erzielen, werden sie Nutzen und Kosten jeweils vergleichen und die Alternative wählen, bei der der Nutzen im Vergleich zu den Kosten am größten ist.

Alternativkosten
Alternativkosten sind die Kosten, die entstehen, weil die zweitbeste Handlungsmöglichkeit (Opportunität) nicht gewählt wurde. Entscheide ich mich, mit dem Fahrrad statt dem Bus zu fahren, so sind die Alternativkosten: Verzicht auf Bequemlichkeit, Verzicht auf Unterrichtsvorbereitung während der Fahrt, Verzicht auf Zeitersparnis. Entscheide ich mich, mit dem Bus zu fahren und nicht mit dem Fahrrad, so sind die Alternativkosten: Verzicht auf Ersparnis der Fahrtkosten, Verzicht auf körperliche Betätigung, Verzicht auf Unabhängigkeit vom Busfahrplan.

M 6 „Wer Knappheit predigt, ist nur zu faul zum Suchen"

Wer Knappheit predigt, ist nur zu faul zum Suchen

Karikatur: Götz Wiedenroth

Aufgaben

1. Stelle dein Wunschprogramm und deine Ressourcen zusammen. (M 4) Charakterisiere anschließend, ob die Knappheit, der Unterschied zwischen Wünschen und Ressourcen, groß, mittelmäßig oder gering ist.
2. Wähle für Ella eine zusätzliche Aktivität aus. Erkläre, worin jeweils die Alternativkosten bestehen. Vergleicht eure Ergebnisse. (M 4, M 5)
3. Entwickle eine Lösung für das Problem der Knappheit und diskutiert diese in der Klasse.
4. Beschreibe, was in der Karikatur M 6 dargestellt ist.
5. Überprüfe die Aussage „Wer Knappheit predigt, ist nur zu faul zum Suchen". (M 6)

Wie handelt man wirtschaftlich vernünftig?

M 7 Knappheit und das ökonomische Prinzip

Sauberes Trinkwasser – aus einem ehemals freien Gut ist ein knappes Gut geworden.

Um überleben zu können, braucht der Mensch ausreichend Nahrung, Kleidung, Behausung und Ausbildung. Zur Befriedigung solcher Grundbedürfnisse benötigt der Mensch Güter bzw. Mittel, die ihm von der Natur in der Regel nicht frei, d. h. ausreichend und konsumreif, zur Verfügung gestellt werden. Man spricht deshalb von knappen Gütern. Die Knappheit von Gütern zur Bedürfnisbefriedigung ist der Grund dafür, dass Menschen wirtschaftlich handeln. Im Mittelpunkt des Lebens steht deshalb die Anstrengung, sich Güter zur Bedürfnisbefriedigung zu beschaffen, was nichts anderes ist als eine Umschreibung von menschlicher Arbeit.

Da die Güter zur Bedürfnisbefriedigung knapp sind, muss der Mensch sich die vorhandenen Mittel einteilen. Wirtschaften heißt insofern angesichts knapper Güter, eine möglichst optimale Verwendung der vorhandenen Mittel anzustreben. Wir handeln dann nach dem sogenannten „ökonomischen Prinzip". Das ökonomische Prinzip hat zwei Ausprägungen: Wenn wir mit unserem Taschengeld versuchen, möglichst viele Bedürfnisse zu befriedigen, handeln wir nach dem Maximalprinzip. Wenn wir ein Bedürfnis, z. B. den Kauf einer Limonade, mit dem geringsten Mitteleinsatz befriedigen, handeln wir nach dem Minimalprinzip.

In unserer heutigen Gesellschaft spielt neben der Befriedigung der Grund- oder Existenzbedürfnisse eine Vielzahl weiterer Bedürfnisse eine immer wichtigere Rolle. Denken wir an den Wunsch nach modischer Kleidung, schönen Einrichtungsgegenständen, besonderem Essen, Musikhören, Konzerte zu besuchen, Urlaubsreisen zu machen etc. Wenn diese Wünsche nicht erfüllt werden, empfinden wir dies als Mangel. Unser Bestreben ist es, diesen Mangel zu beseitigen, indem wir das Bedürfnis befriedigen. Grundsätzlich empfindet jeder Mensch Bedürfnisse unterschiedlich dringlich. So verwendet ein Jugendlicher sein Taschengeld hauptsächlich für sein Handy, während ein anderer ein Großteil seiner Mittel für seinen Lieblingssport ausgibt.

Maximalprinzip

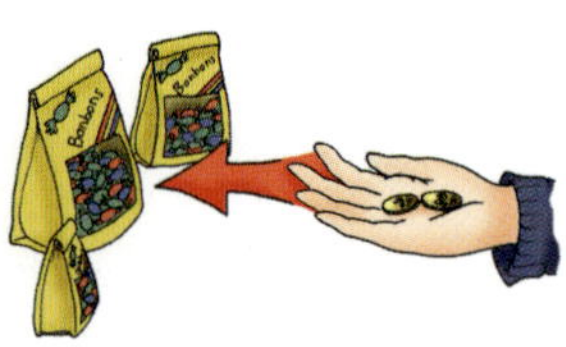

Minimalprinzip

M 8 Welche Güter gibt es?

Nur sehr wenige Güter sind unbegrenzt vorhanden, d. h. frei verfügbar. Zu diesen freien Gütern zählen Wind, Sonnenlicht oder Meerwasser. Sie kosten kein Geld.

Im Gegensatz zu den freien Gütern ist die große Mehrheit der Güter, die wir zum Leben brauchen, knapp. Man nennt sie wirtschaftliche Güter, weil ihre Herstellung Kosten verursacht. Sie haben einen Preis. Bei den wirtschaftlichen Gütern gilt es zwischen Sachgütern, Dienstleistungen und Rechten zu unterscheiden. Sachgüter sind dingliche Güter (Waren), die zur Herstellung anderer Güter (Produktionsgüter) benötigt werden oder ge- und verbraucht (Konsumgüter) werden können. Dienstleistungen können wir nicht sehen oder anfassen. Wir nehmen sie in Anspruch, wenn wir zum Frisör gehen oder auf der Bank Geld abheben. Auch für Rechte müssen wir bezahlen, z. B. für das Recht, ein Musikstück aus dem Internet herunterladen und anhören zu dürfen.

M 9 Wirtschaftliches Handeln im Alltag

Matthias hat 500 € für seinen Urlaub gespart und sucht nun im Internet nach einem Angebot, das ihm einen möglichst langen Urlaub in einem möglichst weit entfernten Land ermöglicht.

Eine Werft benötigt für die Produktion seiner Schiffe sehr viel Strom, da die meisten Maschinen relativ alt sind. Die Unternehmensleitung beschließt gemeinsam mit den Mitarbeitern, neue Maschinen zu kaufen, die bei gleicher Leistung weniger Strom als die alten Maschinen benötigen.

In einer Jeans-Fabrik werden Bluejeans hergestellt. In der Fertigungsabteilung wird versucht, möglichst viele Jeansteile aus den Stofflagen auszuschneiden. Die unterschiedlichen Teile und Größen werden daher mithilfe eines Computers zu einem optimalen Gesamtschnittbild zusammengestellt.

Die Bahnstrecke zwischen Nürnberg und München soll zu einem möglichst niedrigen Preis ausgebaut werden, um sie mit einer Höchstgeschwindigkeit von 320 km/h befahrbar zu machen.

Aufgaben

1. Veranschauliche den Zusammenhang zwischen Knappheit und Handeln nach dem ökonomischen Prinzip durch ein Schaubild (M 7).
2. Gliedere die einzelnen Güterarten in einer übersichtlichen Struktur (z. B. mithilfe eines Baumdiagramms) und nenne jeweils ein weiteres Beispiel.
3. Erläutere, nach welchem ökonomischen Prinzip die Menschen in M 9 handeln. Finde weitere Beispiele für das Handeln nach dem Maximalprinzip und Minimalprinzip aus deinem Alltag (M 9).
4. Zur Wiederholung: Auf Seite 74 ff. hast du erfahren, dass Wirtschaften heißt, sich zwischen verschiedenen Alternativen zu entscheiden. Dabei spielen persönliche Kosten und Nutzeneinschätzungen eine Rolle. Erläutere mögliche Alternativkosten für Matthias in M 9.

zu Aufgabe 2
Auch Dienstleistungen lassen sich nach Konsum- und Produktionsgütern unterscheiden. Finde Beispiele dafür.

Wie funktioniert eine Wirtschaftsordnung?

M 10 Leben ohne zu wirtschaften – ist das möglich?

Pieter Brueghel, Das Schlaraffenland (1567)

Die Menschen im legendären Schlaraffenland kennen keine Arbeit, alles, was sie brauchen, ist im Überfluss vorhanden. Wenn sie hungrig sind, öffnen sie ihre Münder und schon fliegt die leckerste Speise in ihren Rachen. Sind sie durstig, fließt das köstlichste Getränk ihre Kehle hinunter. Das Klima ist so ausgeglichen, dass die Menschen weder Bekleidung noch Behausung benötigen. Da es keine gefährlichen Tiere gibt, benötigen sie auch keinen Schutz vor ihnen. Das Faulenzen ist im Schlaraffenland eine Tugend, deshalb sieht man viele Schlaraffianer unter schönen Bäumen liegen.

M 11 Die drei Grundfragen der Wirtschaft bestimmen die Wirtschaftsordnung

Da die Güter knapp sind, müssen sie von den Menschen produziert werden. Deshalb pflanzen sie Getreide, backen Brot, nähen Kleidung, bauen Autos, Häuser oder Maschinen. Wirtschaften heißt, dass Güter und Dienstleistungen hergestellt und zum Kauf angeboten werden. Der Markt sorgt dafür, dass die Menschen die Güter und Dienstleistungen, die sie wollen, auch erhalten. Die Wirtschaft handelt also auch von grundlegenden Fragen: Was und wie, d. h. auch wie viel, soll von einer Sache hergestellt werden? Wer soll es produzieren – ein Einzelner, ein Betrieb, ein großes Unternehmen? Wie sollen die Güter verteilt werden, d. h. wer bekommt wie viel von was? In jeder Wirtschaft müssen diese drei Fragen gelöst werden. Alle privaten Haushalte, zu welchen auch z. B. der Haushalt deiner Familie zählt, sämtliche kleinen und großen Unternehmen, Banken sowie der Staat mit seinen zahlreichen Einrichtungen (wie z. B. Schulen, Universitäten, Verkehrsbetriebe) bilden zusammen die Volkswirtschaft eines Landes. Verbunden sind sie alle über Geld und Güter, die untereinander ausgetauscht werden. Ein Mitglied deines Haushaltes kauft z. B. einen neuen Fernseher, den ein Unternehmen hergestellt hat. Das Geld fließt an das Unternehmen. Den Fernseher bekommt deine Familie. Ein Teil deines Taschengeldes liegt vielleicht auf deinem Sparbuch bei der Bank. Die Bank kann das Geld verleihen und dafür Gebühren erheben. Der Staat braucht Einnahmen, die er von den Haushalten und Unternehmen in Form von Steuern bekommt. Mit den Einnahmen stellt der Staat den Bürgern z. B. Schulen, Museen und Universitäten zur Verfügung, die wir sogar teilweise kostenlos nutzen können. Vereinfacht kann man sagen, alle die produzieren (etwas erzeugen) und konsumieren (etwas verbrauchen) gehören zu einer Volkswirtschaft. Wenn eine Wirtschaft gut funktioniert, können die Menschen in Wohlstand leben. Voraussetzungen dafür sind gut ausgebildete Menschen, das Klima, die Ausstattung mit Bodenschätzen (z. B. Kohle, Eisenerz, Öl) und nicht zuletzt die Wirtschaftspolitik der Regierung. All diese Dinge wirken zusammen und bestimmen letzlich, wie erfolgreich eine Volkswirtschaft ist.

M 12 Welche Produktionsfaktoren sind nötig und wie entsteht Kapital?

Robinson wird als einziger Überlebender nach einem Schiffsunglück auf eine einsame, unbewohnte Insel verschlagen. Er verfügt zunächst nur über die beiden Produktionsfaktoren Boden und Arbeit. Um seinen Lebensunterhalt zu sichern, fängt er Fische mit der Hand, eine Arbeit, die mithilfe eines Fangnetzes ergiebiger wäre. Dies weiß Robinson aufgrund seiner Lebenserfahrung. Deshalb beschließt er, eine Zeit lang weniger zu essen und einen Teil der Nahrungsmittel aufzubewahren, um über sie verfügen zu können, wenn er seine Arbeitskraft zur Herstellung des Fangnetzes einsetzt. Volkswirtschaftlich entsteht durch die Herstellung des Fangnetzes ein Produktionsgut, es wird Realkapital gebildet. Robinson leistet vorübergehend Konsumverzicht (= Sparen), weil er weiß, dass er durch den Einsatz des Fangnetzes (= Investieren) in Zukunft weniger Zeit benötigt, um seinen Lebensunterhalt sicherzustellen. Dies gestattet ihm bei gleichbleibendem Zeitaufwand die Herstellung von weiteren Konsum- oder Produktionsgütern.

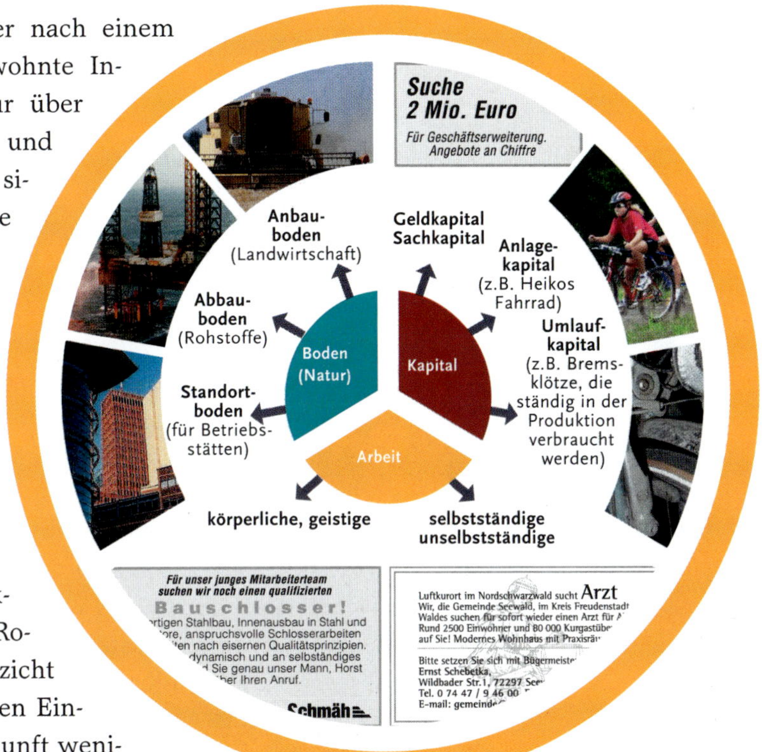

Hans-Jürgen Albers u. a., Volkswirtschaftslehre, Haan-Gruiten 1997, S. 27 ff.

Aufgaben

1. Erkläre, warum es im Schlaraffenland kein Wirtschaften gibt (M 10).
2. Auf dem Schulfest willst du alkoholfreie Cocktails anbieten. Beantworte die drei Grundfragen der Wirtschaft für Herstellung und Verkauf der Cocktails (M 11).
3. In M 11 werden wichtige Zusammenhänge des Wirtschaftens beschrieben. Analysiere mögliche Beziehungen zwischen Haushalten, Banken und Staat, indem du ein Schaubild erstellst.

+ „Kapital ist wichtiger als Arbeit“ – beurteile diese Aussage.

+ „Bereite einen Kurzvortrag vor: „Was ist Kapital und wie entsteht es?“ (M 12)

Was wir wissen

Knappheit und Bedürfnisse
M 2, M 6, M 7

Auf der Erde stehen die Bedürfnisse der Menschen in einem Spannungsverhältnis zu den vorhandenen Gütern und Mitteln. Dies wird auch sehr deutlich beim gestrandeten Robinson. Es herrscht Knappheit an Gütern angesichts einer unbegrenzten Zahl von Bedürfnissen. Deshalb muss der Einzelne wirtschaftlich handeln. Bei Robinson geht es ums Überleben, deshalb bestimmen die Grund- und Sicherheitsbedürfnisse sein Handeln. Erst wenn diese Bedürfnisse befriedigt sind, wird Robinson sein Handeln auf darauf aufbauende Bedürfnisse, wie z. B. soziale Bedürfnisse, richten.

Ökonomisches Prinzip
M 7

Wirtschaften heißt also allgemein, die vorhandenen Mittel zur Bedürfnisbefriedigung möglichst wirksam (effizient) einzusetzen (ökonomisches Prinzip). Der Verbraucher kann sich bei seinen wirtschaftlichen Entscheidungen an zwei unterschiedlichen Ausprägungen des Wirtschaftlichkeitsprinzips orientieren: Beim Minimalprinzip steht die Sparsamkeit im Vordergrund: Mit möglichst wenig Mitteln soll ein bestimmter Ertrag erreicht werden. Bsp.: Ein bestimmtes Handy soll möglichst günstig gekauft werden. Beim Maximalprinzip geht es um die Ergiebigkeit: Mit vorgegebenen Mitteln soll ein möglichst hoher Ertrag erreicht werden. Bsp.: Mit einem gegebenen Budget soll ein möglichst qualitativ hochwertiges Handy gekauft werden.

Güter
M 8

Neben Bedürfnissen lassen sich auch Güter untergliedern. So unterscheidet man Güter u. a. nach ihrer Gegenständlichkeit: Sachgüter haben materiellen Charakter, d. h. man kann diese Objekte anfassen. Dienstleistungen hingegen haben immateriellen Charakter, d. h. man kann diese nicht anfassen. So z. B. den Kundendienst beim Auto oder die Reparatur eines Möbelstücks. Güter lassen sich außerdem nach ihrem Verwendungszweck unterscheiden: Konsumgüter werden vom Verbraucher gekauft und selbst verbraucht bzw. verwendet; z. B. Lebensmittel oder Kleidung. Investitionsgüter dienen hingegen der Produktion von anderen Gütern; z. B. ein Industrieroboter in der Autoproduktion oder der Backofen eines Bäckers.

Wirtschaftliches Entscheiden
M 5

Wirtschaftliche Entscheidungen bestehen in einer Abwägung der Kosten und des Nutzens von Handlungsalternativen. Für jede Entscheidung lassen sich Alternativkosten (Opportunitätskosten) finden. Diese bestehen aus dem entgangenen Nutzen der zweitbesten Handlungsmöglichkeit.

Produktionsfaktoren
M 12

Für die Produktion benötigt man grundsätzlich drei Produktionsfaktoren: Boden, Arbeit und Kapital. Kapital entsteht durch die Verbindung von Arbeit und Boden (Natur), deshalb nennt man Kapital auch einen abgeleiteten Produktionsfaktor. Zur Kapitalbildung muss Konsumverzicht geleistet werden. So kann z. B. Geldkapital nur durch Sparen (d. h. Verzicht auf Konsumausgaben) gebildet werden.

Was wir können

Eine „Begriffslandkarte“ erstellen

Eine Begriffslandkarte (Concept-Map) eignet sich dazu, Begriffe und ihre Beziehungen zueinander zweidimensional, wie Orte und Wege auf einer Landkarte, darzustellen. Auf diese Weise kann grafisch verdeutlicht werden, in welchen Beziehungen Begriffe zueinander stehen. Die Art des Zusammenhangs zwischen den Begriffen kann auf den Verbindungslinien festgehalten werden. Deshalb eignen sich Begriffslandkarten besonders zur Erschließung eines Themas bzw. zum Lernen und Wiederholen. Durch die Wissensstrukturierung und intensive Beschäftigung mit einzelnen Begriffen und Beziehungen verbessert sich die Behaltensleistung, und Wissenslücken sind einfacher zu erkennen. Die Concept-Map kann auch in Gruppenarbeit an einer Tafel erfolgen, wobei zunächst gemeinsam Begriffe gesammelt und anhand von einzelnen Karten oder Notizzetteln gemeinsam geordnet und verknüpft werden.

Knappheit

Tausch

Bedürfnisse

Güter

ökonomisches Prinzip

Geld

Aufgabe

Überlege genau, welche Zusammenhänge zwischen den abgebildeten Begriffen bestehen. Ordne die Begriffe dann sinnvoll auf einem Blatt Papier an (Nähe, Distanz, Gegensätze, ...). Ziehe Verbindungslinien. Beschrifte dann die Linien und schreibe gegebenenfalls weitere Informationen zu den Begriffen.

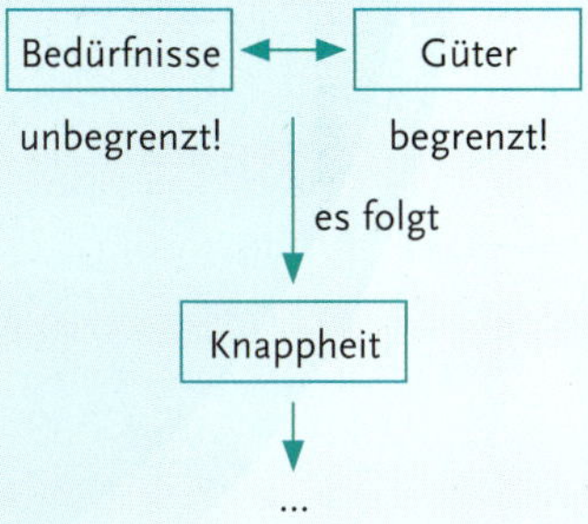

„Cast away“

In dem Film „Cast away“ strandet der Postangestellte Chuck Noland (gespielt von Tom Hanks) nach einem Flugzeugabsturz auf einer unbewohnten Insel. Er lebt in einer Höhle und lernt, sich mit Fischen und Früchten zu versorgen. Nach vier Jahren wagt er ohne jede Aussicht auf Erfolg die Flucht von der einsamen Insel.

Aufgaben

1. Erkläre mithilfe deines Wissens über die menschlichen Bedürfnisse, warum sich Noland zur Flucht von der Insel entschloss.
2. Noland schreibt seinem Freund nach seiner Rettung einen Brief, in dem er begründet, warum er auf der Insel kein Geld benötigte. Verfasse diesen Brief.

2.2 Woher stammt das Einkommen und wofür wird es verwendet?

Welche Rolle spielt das Geld?

M 1 Zitate zum „Sinn und Unsinn von Geld“

Wer der Meinung ist, dass man für Geld alles haben kann, gerät leicht in den Verdacht, dass er für Geld alles zu tun bereit ist.
Benjamin Franklin

Geld ist rund und rollt weg. Bildung bleibt.
Heinrich Heine

Das Geld gleicht dem Seewasser. Je mehr davon getrunken wird, desto durstiger wird man.
Arthur Schopenhauer

Geld allein macht nicht glücklich, aber es ist besser, in einem Taxi zu weinen als in der Straßenbahn.
Marcel Reich-Ranicki

Es kommt nicht so sehr darauf an, wie viel man hat, sondern wie viel Freude man daran hat.
anonym

Immer mehr Leute geben immer mehr Geld aus, das sie eigentlich gar nicht haben, um sich Dinge anzuschaffen, die sie eigentlich gar nicht brauchen, um denen zu imponieren, die sie eigentlich gar nicht mögen.
Franz Kern

M 2 Wirtschaften ohne Geld – ist das möglich?

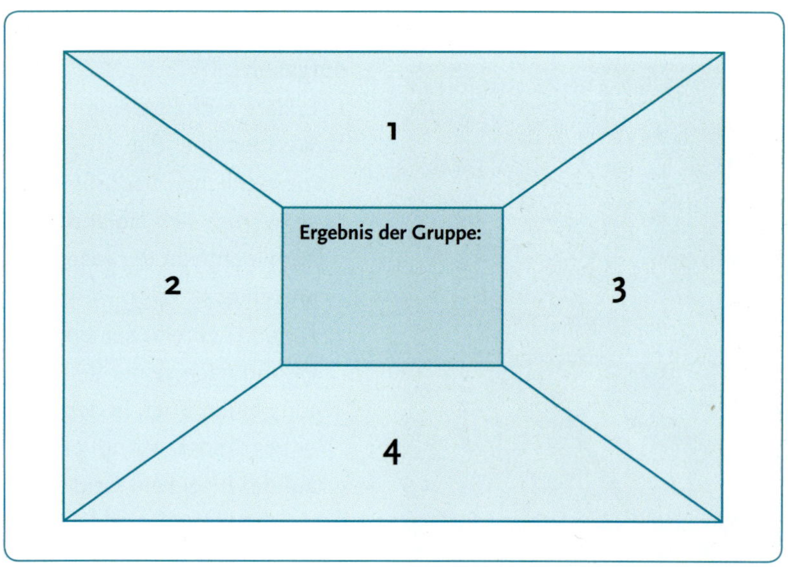

Im Raum steht die Frage, ob es möglich ist, ohne Geld zu wirtschaften. Zunächst werden Vierergruppen gebildet. Jede Gruppe erhält ein Placemat oder Schreibgitter, die einzelnen Gruppenmitglieder erhalten eine Nummer (1 – 4). In einer Stillarbeitsphase beantwortet jeder für sich die Ausgangsfrage, indem er die wichtigsten Gedanken notiert und diese auf die Seite des Rechtecks im Placemat schreibt, dessen Nummer er beim Durchzählen erhalten hat. Die Gruppe einigt sich anschließend auf die vier wichtigsten Aspek-

te und schreibt diese in die Mitte des Rechtecks.
Die Gruppe, die als erste fertig ist, schreibt ihre Ergebnisse an die Tafel. Die anderen Gruppen ergänzen nur noch, sodass in kurzer Zeit sämtliche Gedanken der Klasse ohne Doppelungen als Ergebnis vorhanden sind.

M 3 Tauschhandel – eine komplizierte Angelegenheit

Als die Menschen sesshaft wurden, war es so, dass sich jeder auf eine Tätigkeit beschränkte. Diese Spezialisierungen kamen daher, da es wenige Experten zu den speziellen Tätigkeiten gab. Somit hatte fast jeder Mensch genau eine Art von Ware. Der eine Schweine, der andere Eier und wieder andere Kleidung aus Büffelfell. Die Menschen stellten ihre Ware in größeren Mengen her, um diese gegen andere wichtige Gegenstände zu tauschen. Somit konnten fehlende Kenntnisse in anderen Bereichen ausgeglichen werden. So zog dann beispielsweise eine Näherin los und versuchte ihre Fellkleidung gegen frische Eier zu tauschen.
Es ergaben sich aber auch Probleme beim früheren Tauschhandel. Niemand wusste beispielsweise, wie viele Eier er an einem Tag für seine Kuh bekommt. Von Tag zu Tag änderte sich der Preis, denn es kam darauf an, was benötigt wurde und wie viel davon angeboten wurde. Des Weiteren hatten vor allem diejenigen Menschen Schwierigkeiten, die schwere Waren anboten. Wenn ein Bauer damals eine Kuh eintauschen wollte, konnte er mit dieser keine großen Wege zurücklegen, schon gar nicht, wenn er mehrere eintauschen wollte. Hersteller von leicht verderblichen Nahrungsmitteln mussten ihre Waren schnell eintauschen. Fanden diese keine passenden Tauschpartner, waren ihre Lebensmittel sehr schnell unbrauchbar. Deshalb war auch eine Vermögensansammlung schwierig. Das letzte Problem beim Tauschhandel waren sogenannte „Tauschketten". Diese kann man sich so vorstellen:

Nach: www.wirtschafts-butler.de (21.11.2012)

Person A bietet Eier zum Tausch und möchte dafür Fellkleidung.

Person B bietet Milch zum Tausch und möchte Brot haben.

Person C bietet Fellkleidung zum Tausch und möchte Milch.

M 4 Entstehung und Aufgaben des Geldes

Zahlungsmittel aus der Frühgeschichte: Kauri-Muscheln (rechts), Oliv-Muscheln (links oben), Kegelschneckenhäuschen (links unten).

Aus der Zeit, als die Münzen erfunden wurden, stammt die berühmte griechische Sage „König Midas". Lies die Geschichte (z. B. auf http://www.blikk.it/angebote/modellmathe/ma0230b.htm) und überlege, welche Erfahrungen mit Geld und Gold die Menschen seinerzeit in dieser Geschichte verarbeiteten.

Die Geschichte des Geldes beginnt mit dem Natural- oder Warengeld, welches in allen Kulturen und Epochen vorzufinden war. Naturalgeld konnten wertvolle, nützliche oder schöne Dinge sein, zum Beispiel Steingeld in Mikronesien, Ring- und Schmuckgeld in Neu-Guinea und im Süd-Pazifik, Muschelgeld in Afrika und China.

Aspekte der Lagerfähigkeit und der leichten Transportierbarkeit spielten bereits früh, auch in Hinblick auf die Möglichkeit, Werte aufzubewahren, eine Rolle bei der Wahl des Materials.

Das erste geprägte Geld, die Münze, bestand aus Elektrum, einer natürlichen Legierung von Gold und Silber, die um 500 v. Chr. vom Perserkönig Darius mit einem Stempel geprägt wurde. Später wurde das Warengeld durch Metallgeld (Kupfer, Silber und Gold) verdrängt. Es wurde zuerst gewogen, später in Recheneinheiten bewertet.

Papiergeld entstand als Stellvertreter für Münzgeld. Es war ursprünglich nicht als Ergänzung zu Münzen gedacht, sondern als deren Ersatz bei Mangel an Münzen. Papiergeld waren Wertpapiere mit der Aufforderung an ihren Herausgeber, dem Inhaber auf Verlangen den Gegenwert in Münzen auszuzahlen.

Das erste europäische Papiergeld wurde 1483 in Spanien als Ersatz für fehlendes Münzgeld ausgegeben. Das Vertrauen in Papiergeld beruhte ursprünglich darauf, dass es von jedermann jederzeit in Münzgeld umgetauscht werden konnte. Dieses Vertrauen war durch ausreichende Bestände an Münzgeld in den Schatzkammern des Herausgebers begründet.

Um sich die Bedeutung des Geldes heute und seine Funktionen zu veranschaulichen, sollte man sich vergegenwärtigen, wie die Menschen ihre Transaktionen abwickeln mussten, bevor es Geld gab. Ohne Geld waren sie gezwungen, Waren oder Dienstleistungen direkt gegen andere Waren oder Dienstleistungen zu tauschen. Obwohl eine solche Tauschwirtschaft eine gewisse Arbeitsteilung zulässt, stößt sie an praktische Grenzen; außerdem verursacht jeder Tausch von Gütern sogenannte Transaktionskosten von erheblichem Ausmaß.

Das offensichtlichste Problem einer Tauschwirtschaft besteht darin, dass die Menschen einen Handelspartner finden müssen, der genau die Ware oder Dienstleistung wünscht, die sie anbieten, und gleichzeitig zu bieten hat, was sie für ihr Angebot haben wollen. Mit anderen Worten, ein erfolgreicher Tausch erfordert eine wechselseitige Bedürfnisübereinstimmung. Eine solche Tauschwirtschaft brächte daher erhebliche Kosten (Transaktionskosten) mit sich, die mit der Suche nach dem passenden Handelspartner, dem Warten und Lagern, zusammenhängen. Um die mit einer Tauschwirtschaft verbundenen Unannehmlichkeiten zu vermeiden, kann eine der Waren als Tauschmittel verwendet werden. Diese einfache Form des Geldes […] wird dann

Warengeld genannt. Natürlich besteht eine Vorbedingung dafür, dass diese bestimmte Ware die Funktion des Geldes erfüllen kann, darin, dass sie in der gesamten Wirtschaft als Tauschmittel akzeptiert wird – sei es aus Tradition, aufgrund formloser Übereinkunft oder aufgrund eines Gesetzes.

Dabei liegt es auf der Hand, dass Waren, die als Tauschmittel dienen, einige ganz bestimmte Eigenschaften aufweisen sollten. Insbesondere sollten Gegenstände, die als Warengeld dienen, leicht zu tragen, langlebig und teilbar sein, und ihre Qualität sollte sich problemlos überprüfen lassen. Behält die als Geld verwendete Ware ihren Wert im Zeitverlauf, kann sie über eine längere Zeit gehalten werden. Dies ist ein besonders nützlicher Aspekt, denn er gestattet, den Verkaufsvorgang vom Kaufvorgang zu trennen. In diesem Fall erfüllt Geld die wichtige Funktion eines Wertaufbewahrungsmittels. Ebenso wichtig ist die Funktion des Geldes als Recheneinheit.

Die handelnden Menschen müssten immer das genaue Umtauschverhältnis bestimmen, zum Beispiel zwischen Broten und Haarschnitt oder zwischen Haarschnitt und Schuhen.

Nach: Dieter Gerdesmeier, Preisstabilität: „Warum ist sie für dich wichtig", Lehrerheft, Europäische Zentralbank, Frankfurt a. M. 2007, S. 15 ff.

Das lateinische Wort für Geld heißt pecunia – „Vermögen an Vieh" (von pecus: „Vieh") –, weil das erste römische Münzgeld den Wert eines Rindes verkörpern sollte.

M 5 Buchgeld

Parallel zu den frühen Formen des Papiergeldes entwickelte sich in den Handelsstädten Norditaliens, aber auch in Amsterdam oder Hamburg das Buchgeld auch „Giralgeld" genannt. Dieses Geld ist nur in den Kontobüchern der Banken verzeichnet. Bei den Banken können Kunden Konten eröffnen, um Guthaben oder Kredite von Konto zu Konto zu bewegen. So kann man ohne Einsatz von Bargeld bezahlen. Dieses System des „stofflosen" Geldes hat stark an Bedeutung gewonnen. Heute beträgt das Verhältnis Buchgeld zu Bargeld 4:1. Nur ein Viertel aller Zahlungen werden noch bar abgewickelt. Die Einzahlung von Bargeld auf das Sparbuch macht aus Bargeld Buchgeld – wird vom Sparbuch Geld abgehoben, verwandelt sich Buchgeld in Bargeld.

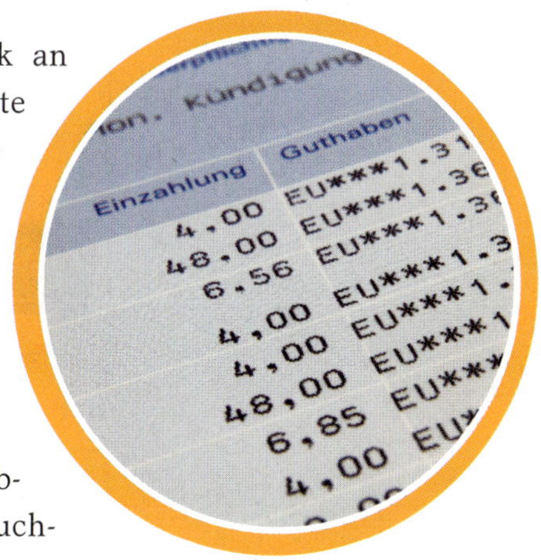

Buchgeld auf einem Kontoauszug

Aufgaben

1. Erkläre anhand der Tauschketten in M 3, welche unterschiedlichen Probleme beim Handel ohne Geld auftreten können. Stelle dazu mithilfe von Pfeilen einen Tauschvorgang dar, der alle drei beteiligten Personen zufriedenstellt, und diskutiere die damit verbundenen Schwierigkeiten.
2. Erläutere in einem Kurzvortrag Entstehung und Aufgaben des Geldes. Gehe dabei besonders darauf ein, inwiefern die Geldwirtschaft der Warentauschwirtschaft überlegen ist (M 4, M 5).

Woher stammt das Einkommen von Familien?

M 6 Das Einkommen der Familie Muster

Vater Muster arbeitet in der Produktion eines großen Automobilherstellers und bezieht daraus Lohneinkünfte. Außerdem hat er Aktien seiner Firma und erhält daraus einen Anteil an dem erwirtschafteten Gewinn, den man Dividende nennt. Aus seinen Sparguthaben bei seiner Bank bezieht er jedes Jahr Zinseinkünfte.

Mutter Muster arbeitet stundenweise in einem Lebensmittelgeschäft und bezieht daraus Lohneinkünfte. Sie hat von ihren Eltern ein Haus vererbt bekommen, welches sie als Geschäftshaus vermietet hat. Daraus bezieht sie jährliche Mieteinkünfte.

Sohn Markus steht kurz vor dem Abitur und jobbt in einem Getränkehandel, Tochter Marion geht in die 8. Klasse und gibt Mitschülern Nachhilfeunterricht.

Familie Muster bezieht also Einkünfte aus allen drei volkswirtschaftlichen Produktionsfaktoren: dem Faktor Arbeit, dem Faktor Boden und dem Faktor Kapital.

a) Faktor Arbeit

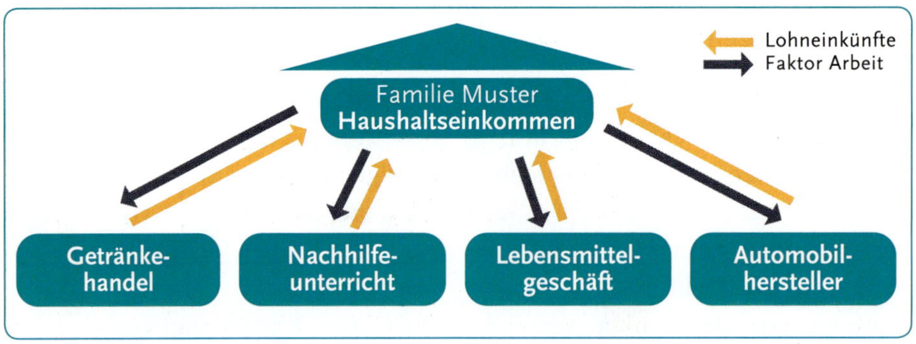

b) Faktor Boden

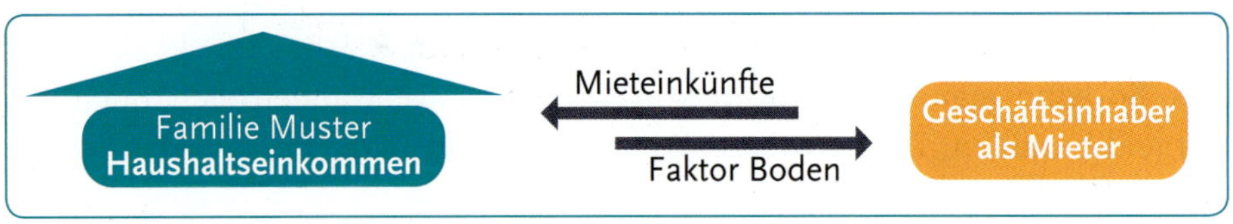

c) Faktor Kapital

M 7 Der Wirtschaftskreislauf

Um die Vielzahl der wirtschaftlichen Verflechtungen in einer Volkswirtschaft überschaubar darzustellen, fasst man die Akteure in einer Wirtschaft zu Sektoren zusammen. Weil z. B. alle Angehörigen der Familie Muster in einem Haushalt leben, wird Familie Muster in einem Sektor Haushalt zusammengefasst. Unternehmen, wie der Automobilproduzent oder das Lebensmittelgeschäft werden im Sektor Unternehmen zusammengefasst. Sowohl Haushalte als auch Unternehmen haben Einnahmen und Ausgaben. Die Einkommen der Haushalte fließen in Konsumausgaben oder werden gespart. Neben den Wirtschaftssektoren Haushalt und Unternehmen fasst man noch den Staat, die Banken und das Ausland zu Wirtschaftseinheiten oder Sektoren zusammen.

Familie Muster gibt einen Teil ihres Haushaltseinkommens für die Beschaffung von Waren und Dienstleistungen aus (Konsumausgaben). Diese Ausgaben sind gleichzeitig Einnahmen der Unternehmen, die Waren und Dienstleistungen auf den Märkten anbieten.

Einfaches Kreislaufmodell einer Volkswirtschaft

Im einfachen Kreislaufmodell wird davon ausgegangen, dass die Haushalte ihr Einkommen vollständig für den Konsum ausgeben und die Unternehmen ihre Gewinne vollständig für Löhne und Gehälter.

Aufgaben

1. Arbeite aus M 6 heraus, wie sich das Familieneinkommen erhöhen ließe.
2. Erläutere, auf welche Einkommensquellen sich Familie Muster am ehesten verlassen kann. (M 6)
3. Überprüfe, inwiefern das Modell von der Realität abweicht und in welcher Beziehung z. B. die Banken und der Staat zu den Sektoren Haushalt und Unternehmen stehen. (M 7)

Welche Einkommensquellen haben Jugendliche?

M 8 Wie viel Taschengeld ist angemessen?

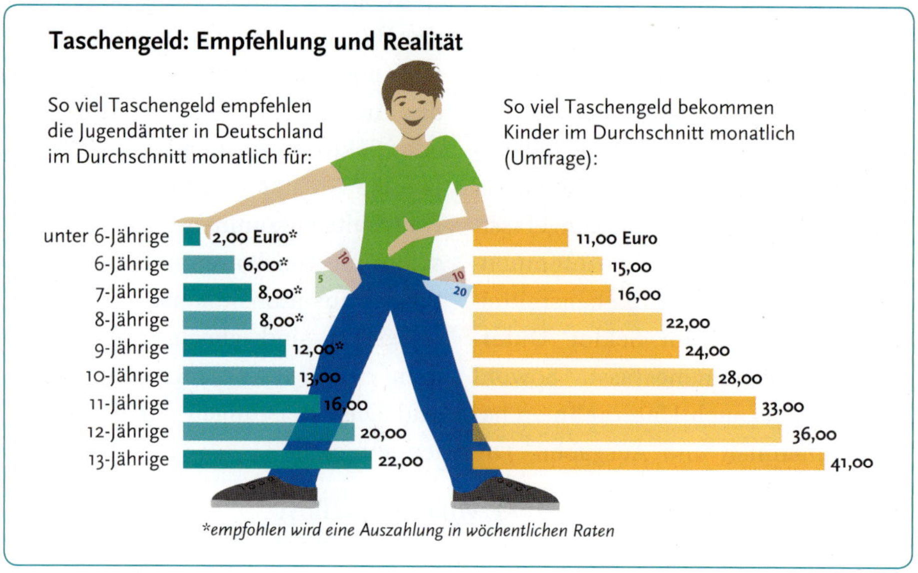

Globus-Grafik 5864; Quelle: Beratungsdienst Geld und Haushalt des Deutschen Sparkassen- und Giroverbands, Egmont Ehapa Verlag (KidsVA); Stand 2013

M 9 … und andere Einnahmequellen?

Taschengeld von den Eltern, die Oma schießt ein paar Euro dazu und zu Geburtstag und Weihnachten gibt's Geldgeschenke von den Verwandten. Im Durchschnitt geben die 13- bis 17-Jährigen 1,8 Geldquellen an. Am häufigsten (91 %) werden die Eltern als Geldquelle genannt. Weit abgeschlagen folgen die Großeltern und andere Verwandte (42 %), das selbstverdiente Geld (40 %) sowie sonstige Einkommensquellen (6 %). Die unterschiedlichen Einnahmequellen von Jugendlichen sorgen dafür, dass das zur freien Verfügung stehende Budget, z. T. spürbar über dem reinen „Taschengeld-Einkommen" liegt.

Nach: www.oeconomix.de, Umgang mit Geld – Einkommen (23.12.2013)

M 10 Wofür geben Jugendliche ihr Geld aus?

23,74 Milliarden Euro werden sechs- bis 19-Jährigen in diesem Jahr ausgeben. Wir verraten, wofür die Kinder das Geld auf den Kopf hauen.

Die meisten geben ihr Geld für Essen und Getränke aus

Die Kaufkraft von Kindern und Jugendlichen in Deutschland wächst weiter. In diesem Jahr werden sie 23,74 Milliarden Euro ausgeben – das sind satte 1,41 Milliarden Euro mehr als noch 2011. Jungen und Mädchen gleichen sich dabei in ihren Ausgaben an. Während die Jungen 2011 noch 2,59 Milliarden Euro mehr ausgaben als die Mädchen, beträgt die Differenz 2012 nur noch 1,08

Milliarden Euro. Die Mehrheit der Kinder und Jugendlichen gibt ihr Geld für Süßes, Getränke und Fast Food aus.

Fünf Milliarden für Klamotten

Das meiste Geld wird mit großem Abstand für Klamotten und Schmuck ausgegeben. Über fünf Milliarden machen die Kids dafür im Jahr locker. Immerhin noch fast zwei Milliarden Euro lassen sie sich die Mobilität kosten – so viel Geld fließt in die Anschaffung von Fahrrädern, Mopeds, Autos und deren Unterhalt. An dritter Stelle liegen die Ausgaben fürs Telefonieren, die mit Handygebühren, Kosten für SMS und MMS 1,7 Milliarden Euro betragen.

Nach: www.t-online.de, Dafür geben Kinder 2012 ihr Geld aus, 29.10.2012

Methode

M 11 Einen Haushaltsplan erstellen

Um die eigenen Finanzen im Blick zu behalten und nicht in die „Schuldenfalle“ zu geraten, empfiehlt sich die Erstellung eines Haushaltsplans. Ergänze die Tabelle um deine persönlichen Geldquellen und Ausgabeposten. Ziehst du von den Einnahmen die Ausgaben ab, erhältst du den Saldo. Ist dieser positiv, hast du einen Überschuss, ist er negativ, ein Defizit.

Zeitraum (z. B. Woche, Monat):			
Einnahmen		**Ausgaben**	
Taschengeld		Süßigkeiten	
Nebenjob		Kino	
Geldgeschenke		Kleidung	
...		...	
		Sparen	
Gesamt		Gesamt	
Einnahmen – Ausgaben (Saldo) =			

Rechne einmalig erhaltene Geldbeträge und feststehende Ausgabeposten auf die Bezugsgröße deines Haushaltsplans um (Woche / Monat). Hier kannst du auch schätzen.

Aufgaben

1. Berechne anhand von M 10 um wie viel Prozent die Gesamtausgaben von Jugendlichen im Jahr 2012 im Vergleich zum Jahr 2011 gestiegen sind.
2. Vergleiche deine eigenen Konsumausgaben mit den Angaben in M 10.
3. Erstelle deinen persönlichen Haushaltsplan (M 11) über einen Zeitraum von vier Wochen. Halte sämtliche Einnahmen und Ausgaben fest.
4. Sollen Kinder und Jugendliche eher mehr oder weniger Taschengeld als von den Jugendämtern empfohlen bekommen? (M 8) – Erörtere diese Frage in Form einer Rede.

Arbeite aus M 8 heraus, um wie viel Prozent jeweils der empfohlene Wert überschritten wird.

Rollenspiel – warum Familie Ege einen Haushaltsplan braucht

M 12 Die Wünsche und Bedürfnisse der Familie Ege

Vater Jürgen Ege (39 Jahre) arbeitet für ein mittelständisches Unternehmen in der Finanzbuchhaltung. In seiner Freizeit spielt er Golf und im Winter fährt er gerne Ski. Sein Motto lautet: „Wer hart und viel arbeitet, darf sich auch teure Hobbies leisten!" Jürgen Ege ist es aber auch wichtig, dass die Familie jeden Monat einen gewissen Betrag für die Anschaffung eines neuen Autos zurücklegt, da er derzeit mit einem älteren Auto täglich zurArbeit pendelt.

Mutter Angelika Ege (37 Jahre) ist bei einer Werbeagentur beschäftigt. Da sie sich außerdem um den Haushalt und die Kinder kümmert, arbeitet sie in Teilzeit. Mit ihrer Familie möchte sie jedes Jahr einen größeren Sommerurlaub verbringen. Deshalb achtet sie genau darauf, dass jeden Monat ein bestimmter Betrag für den Urlaub zur Seite gelegt wird: „Eine Woche Strandurlaub brauche ich auf alle Fälle, um mich von den Alltagsstrapazen des ganzen Jahres zu erholen."

Sohn Leon (14 Jahre) ist eine richtige „Sportskanone": Egal ob Fußball, Tennis, Wasserski oder Judo – Leon ist in jedem Sportverein. Über die Kosten seiner Freizeitgestaltung hat er sich bisher noch keine Gedanken gemacht. Schließlich bezahlen die Eltern seine vielfältigen Aktivitäten. Sein monatliches Taschengeld in Höhe von 50 € benötigt er, um mit seinen Freunden ins Kino oder Eis essen zu gehen.

Sophie ist 12 Jahre alt und Gymnasiastin. Sie bekommt regelmäßig 40 € Taschengeld pro Monat. Darüber hinaus fördern ihre Eltern die Talente ihrer Tochter und bezahlen ihre Ballettstunden und den Musikunterricht. Ihr größter Wunsch ist es, in nächster Zeit mit dem Reiten zu beginnen und Reitstunden zu nehmen.

Sozialversicherung
Ca. 90 % der Bevölkerung sind in der gesetzlichen Sozialversicherung pflicht- oder freiwillig versichert. Sie umfasst die fünf Versicherungszweige Arbeitslosen-, Kranken-, Pflege-, Renten- und Unfallversicherung.

Erklärfilm „gesetzliche Sozialversicherung"

Mediencode: 8847-01

M 13 Die Gehaltsabrechnungen von Herrn und Frau Ege

Technology Answers
Industriestraße 14
30159 Hannover

Jürgen Ege
Lilienweg 14
31101 Hildesheim

Gehaltsabrechnung September
Bruttogehalt: 3.075,00 €
Steuern: 288,00 €
Sozialversicherungen: 638,00 €

= Nettobezüge: 2.149,00 €
= Überweisungsbetrag: 2.149,00 €

Advertise & Many More
Königsplatz 117
31101 Hildesheim

Angelika Ege
Lilienweg 14
31101 Hildesheim

Gehaltsabrechnung September
Bruttogehalt: 2.650,00 €
Steuern: 751,00 €
Sozialversicherungen: 550,00 €

= Nettobezüge: 1.349,00 €
= Überweisungsbetrag: 1.349,00 €

M 14 Die monatlichen Ausgaben und Rücklagen der Familie Ege

Zins- und Tilgungsrate für das Einfamilienhaus	900 €
Wasser, Strom, Heizung, Müllentsorgung etc.	300 €
Telefon (Festnetzanschluss und vier Handyverträge), Internet	110 €
Versicherungen (Haftpflicht, Unfall, Hausrat, Brandschutz etc.)	170 €
Lebensmittel, Kosmetika etc.	450 €
Beiträge für Golfclub, Sport- und Musikvereine	500 €
Benzin	240 €
Monatsfahrkarten	60 €
Steuer und Versicherung für 2 Autos	150 €
Taschengeld	90 €
Kleidung	250 €
Tageszeitung	30 €
Ausgaben für die Schule	70 €
Rücklagen für größere Anschaffungen (Auto, Waschmaschine etc.)	200 €
Rücklagen für den Urlaub	250 €
Sonstiges	50 €

Zins
Preis, den der Kreditnehmer dem Kreditgeber (z. B. Banken) für das Überlassen von Geldkapital bezahlen muss.

Tilgung
regelmäßige Rückzahlung eines Kredits in Form von Teilbeträgen

Zinsen + Tilgung =
monatliche Darlehensrate

M 15 Tabelle zum Kindergeld

Höhe des Kindergelds ...	
für erstes Kind	184 €
für zweites Kind	184 €

Aufgaben

1. Stelle für die Familie Ege einen Haushaltsplan auf, indem du alle Ausgaben und Rücklagen den Einnahmen gegenüberstellst und berechne den Saldo (M 12 – M 15).
2. Die Werbeagentur, für die Frau Ege arbeitet, muss Insolvenz anmelden. Frau Fesl wird überraschend arbeitslos. Die Arbeitsagentur überweist jedoch für ein Jahr Arbeitslosengeld in Höhe von 67 % ihres letzten Nettogehalts. Analysiere die neue finanzielle Situation der Familie.
3. Was tun? Der Familienrat berät.
   a) Übernehmt in 4-er Gruppen jeweils die Rollen der Familienmitglieder. Entwickelt für das folgende Rollenspiel (siehe Randspalte) Argumente, um eure finanziellen Interessen in der Familie durchzusetzen.
   b) Einigt euch schließlich auf einen Haushaltsplan, der für alle Familienmitglieder einen möglichst hohen Nutzen ermöglicht.

Spielregeln für das Rollenspiel:
- Jeder Schüler stellt möglichst einen Charakter der Familie Ege dar. (M 12) Die Schüler, die keinen Charakter darstellen, nehmen eine Beobachterposition ein.
- Jeder Schüler entwickelt Argumente, die er anschließend gegenüber den anderen Schülern im Rollenspiel vertritt.
- Im Rollenspiel wird höflich und sachlich miteinander diskutiert.
- Am Ende des Rollenspiels sollte ein einvernehmliches Ergebnis zustande gekommen sein.

Schulden machen – auf Raten in die Pleite?

M 16 Geld für falsche Sachen ausgegeben

Hannah S. tappte in die Schuldenfalle.

„Eine Zeit lang habe ich den Briefkasten gar nicht mehr aufgemacht. Ich wusste nicht mehr, wo ich anfangen sollte. Ich wusste ja, es wird sowieso nicht weniger." Zu diesem Zeitpunkt hatten sich bereits Schulden von mehreren hundert Euro angesammelt und das, obwohl Hannah S. regelmäßige Einkünfte hatte: im ersten Ausbildungsjahr 600 Euro, im zweiten 700 Euro und schließlich 1.000 Euro netto. Erst seit einigen Monaten ist sie arbeitslos.

Hannah S. ist in einer normalen Familie aufgewachsen – nichts deutete darauf hin, dass sie einmal Schwierigkeiten mit Geld bekommen würde. Die Trennung der Eltern und der Wegzug der Mutter nach Berlin brachte die erste Krise. „Da hatte mein Vater mich nicht mehr unter Kontrolle. Ich bin wohl in die falschen Kreise gekommen. Geld hatte ich, aber ich hab's für die falschen Sachen ausgegeben." Kurz bevor sie 18 wird, wirft der Vater sie aus dem Haus. Hannah S. hat zum ersten Mal eine eigene Wohnung, die sie mit dem Ausbildungsgehalt finanzieren muss. Für die Miete reicht es meistens gerade, aber am Ende des Monats ist oft kein Geld mehr da. „Ich konnte von Anfang an nicht richtig mit Geld umgehen, ehrlich. Ich hab versucht eine Balance zu halten." Wenn gar kein Geld mehr da war, hat sie sich von Freunden Geld geliehen oder Pfandflaschen zurückgebracht.

Die Übersicht über alle notwendigen Ausgaben zu behalten, ist Hannah S. nicht gelungen. Dass Miete, Strom, Nebenkosten unumgängliche Ausgaben sind, wusste sie. An Rücklagen für Nachzahlungen bei Strom, Wasser, Müllgebühren hat sie nicht gedacht. Und als schließlich Mahnbriefe eines Inkassounternehmens kommen, verschließt sie einfach die Augen. „Ich bin so'n kleines Schisserle – wenn dann Briefe von der Creditinkasso kamen, habe ich mich nicht mehr gewehrt." Ein teurer Handyvertrag kam hinzu, bei dem sie noch 600 Euro abbezahlen muss. Der Kreislauf hatte begonnen.

Nach: Zentrale Schuldnerberatung Stuttgart, http://zsbstuttgart.de (21.11.2012)

Schuldner und Gläubiger
Ein Schuldner ist eine Person, die einer anderen Person (dem Gläubiger) etwas schuldet, bzw. ihr gegenüber eine Leistung zu erbringen hat.

Inkassounternehmen
Dienstleistungsunternehmen, das Gläubigern dazu verhilft, das ihnen geschuldete Geld zu erlangen.

M 17 Verschuldung ist nicht gleich Überschuldung

Verschuldung bedeutet, dass man alle Forderungen in absehbarer Zeit tilgen kann. Die Aufnahme eines Kredites und damit eine Verschuldung ist ein normaler wirtschaftlicher Vorgang und sagt noch nichts über die Zahlungsfähigkeit an sich aus. So verschulden sich z. B. Haushalte häufig langfristig, wenn sie eine Immobilie kaufen, Unternehmen verschulden sich beim Kauf großer Industrieanlagen. In der Regel reichen das Einkommen oder die Gewinne aus, um die Kredite zu tilgen und die Zinsen zu bezahlen. Bei einer Überschuldung sind die monatlichen Gesamtausgaben beständig höher als die Summe der Einnahmen mit der Folge, dass sich die Forderungen aus Krediten stetig erhöhen und so unmöglich begleichen lassen. Mit anderen Worten, wenn das monatliche Einkommen dauerhaft nicht ausreicht, die fixen Lebenshaltungskosten sowie fällige Raten und Rechnungen zu bezahlen, dann liegt eine Überschuldung vor. Gründe dafür sind häufig Lebensereignisse, die ungewollt, ungeplant und unerwartet eintreten. Am häufigsten werden von Betroffenen der Verlust des Arbeitsplatzes, Trennung und Scheidung, eigene Krankheit oder Tod von nahen Angehörigen als kritische Lebensereignisse genannt. Diese gehen vielfach einher mit Orientierungslosigkeit und Verlust der Lebensperspektive.

M 18 Jugendliche und Schulden

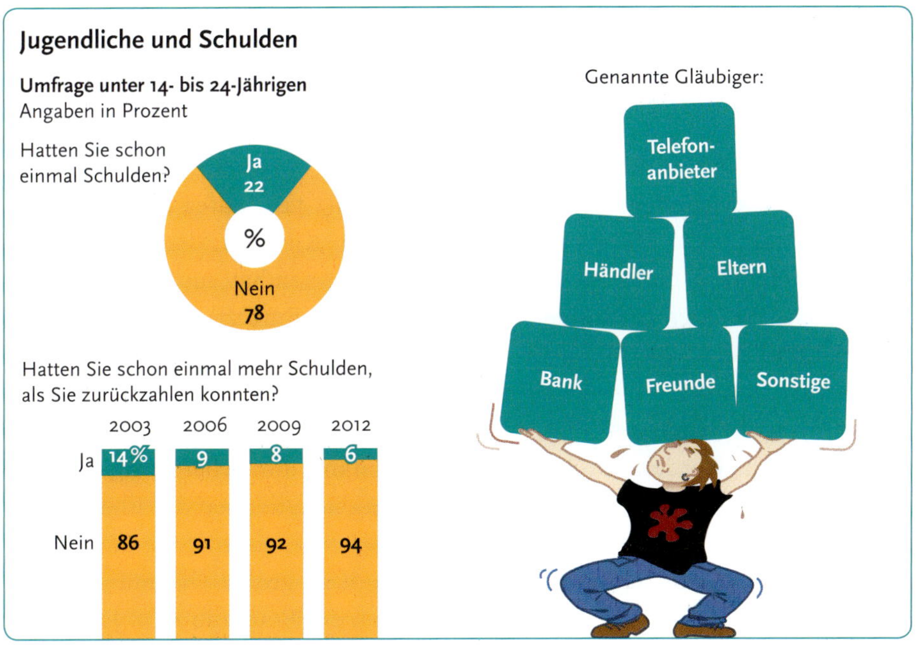

Globus-Grafik 5150; Quelle: Bankenverband; Stand Juni 2012

M 19 Warum verschulden sich Jugendliche?

Gründe für die Verschuldung von Jugendlichen gibt es viele. Hier ist auch das Verhalten der Erwachsenen, insbesondere der Eltern, zu nennen. Kinder sehen, wie ihre Eltern sorglos mit Krediten und Schulden umgehen. In einem solchen Umfeld schrecken Schulden und die damit verbundenen Konsequenzen nicht ab. Erwachsene wie Jugendliche werden täglich zum Kauf von Konsumgütern durch Werbung animiert. Was Nachbarn, Bekannte oder Freunde konsumieren und kaufen, möchte man ebenso haben, weil man glaubt, sonst nicht mithalten zu kön-

nen und nicht den erwünschten gesellschaftlichen Status zu besitzen (Statusdenken). Gerade bei Jugendlichen übt häufig der Freundes- und Bekanntenkreis versteckt oder offen Druck aus: Wenn man dazu gehören will, muss auch genügend Geld für z. B. Markenklamotten, iPhone, Urlaubsreisen vorhanden sein. Kinder und Jugendliche verlieren leicht den Überblick über ihre finanzielle Situation, weil sie sich ihr Haushaltsbudget nicht ausrechnen und es ihnen die Banken teilweise leicht machen, das Konto zu überziehen oder nach der Volljährigkeit Kredite aufzunehmen. Für viele ist es sehr schwer, aus eigener Kraft aus der Schuldenspirale herauszukommen, weil es in aller Regel nur über Einschränkungen des Konsums und/oder höhere Einnahmen und Einteilung der vorhandenen Geldmittel möglich ist.
Hilfen bieten die Schuldnerberatungsstellen. Die Beratung ist kostenlos. Bei einem Gespräch können Experten die Situation des Schuldners analysieren und mögliche Lösungswege erarbeiten und vorschlagen. Die Berater helfen auch dabei, einen vernünftigen Haushaltsplan zu erstellen.

M 20 Die Schuldnerberaterin

Franca Peters war Direktorin bei einer großen deutschen Bank und trug Verantwortung für unvorstellbare Summen. Heute arbeitet sie als Ehrenamtliche bei der Schuldnerberatung. Unhöflich ist sie nie, aber immer direkt. Sie mache ihren Klienten „klare Ansagen", sagt sie, „durch falsche Rücksicht werden die Schulden nicht weniger". Lebensversicherung? Auflösen. Auto? Weg damit. Hausratsversicherung? Wozu, wenn einer nichts hat. Zur ersten Sprechstunde, erzählt Franca Peters, brächten viele Ratsuchende eine Einkaufstüte voll ungeöffneter Post mit. „Die denken, wenn sie die Rechnungen im Umschlag lassen, müssen sie nicht zahlen." Den Neuen gibt sie dann ein kleines Geschenk mit: ein Haushaltsbuch. Wenn jemand seine Ausgaben niederschreiben müsse, hat sie festgestellt, „fällt manchem doch auf, dass man nicht 1.000 Euro verdienen und 950 Euro für die Wohnung verbrauchen kann." Manchmal werde ihr fast schwindlig vor lauter Kopfschütteln: über den Klienten, der einen Kredit aufgenommen hat, um sich einen Anzug für 600 Euro zu „gönnen".
Mit unbezahlbaren Handy-Rechnungen begännen viele Schuldnerkarrieren, sagt Peters. Bei anderen stehe am Anfang die Arbeitslosigkeit oder ein Unglück, der Tod des Ehepartners etwa, und bei gar nicht wenigen gehe alles mit zu großer Gutmütigkeit los. Wie bei der Frau, die zehn Jahre lang eine Großfamilie mühsam über Wasser hielt, während ihr Mann ihr Geld verspielte. Als sie sich endlich von ihm trennte, saß sie auf 20.000 Euro Schulden.
Ein Thema setzt ihr Gemüt spürbar in Bewegung: Wenn sie über die „Vorgehensweise mancher Banken, die naiven Leuten rücksichtslos Kredite aufschwatzen" spricht. Und wütend ist sie auch ganz allgemein auf eine Gesellschaft, „die die Leute stän-

Verbraucherinsolvenzverfahren
Das Verbraucherinsolvenzverfahren kann von Personen, die zahlungsunfähig sind oder denen Zahlungsunfähigkeit droht, beantragt werden. In diesem Verfahren werden dem Schuldner strenge Auflagen gemacht und er muss äußerste Haushaltsdisziplin beweisen. Erfüllt er die Auflagen, kann der Schuldner nach sechs Jahren von einem Gericht von seinen Restschulden befreit werden.

dig dazu verleitet, auf Pump zu leben". Sie selbst sei „für das glückliche Ende zuständig". Das macht ein Verbraucherinsolvenzverfahren möglich, aber wer da durch will, braucht sechs Jahre äußerste Disziplin. „In der Zeit kann man sich nicht mal einen Kaffee leisten", sagt Franca Peters. Aber nach sechs Jahren ist man schuldenfrei. Heute weiß sie, dass der soziale Absturz jeden treffen könnte: „Man muss nur im falschen Moment den Job verlieren – und schon geht es bergab."

Nach: Roman Deininger, Süddeutsche Zeitung, 5.6.2008

M 21 Die Rolle der Banken

Für unerfahrene Bankkunden dürfte das überraschend sein: Sie bringen Geld zur Bank und zahlen es auf ihr Konto ein. Aber ihr Geld bleibt dort gar nicht liegen. Es wird zwar in Büchern und auf dem Kontoauszug vermerkt, dass der Kunde einen Betrag auf sein Konto eingezahlt hat. Aber das Geld wird gleich weiter verliehen. Die Bank arbeitet damit und macht mit dem Geld Geschäfte [...]. Es kann sich sogar zufällig Folgendes ergeben: Ein Arbeiter zahlt einen 100-Euro-Schein auf sein Konto ein. Die Bank verleiht den Schein an den Chef des Arbeiters. Der Chef gibt ihn später dem Arbeiter, der ihn wieder auf sein Girokonto einbezahlt. Das Girokonto des Arbeiters wächst, die Schulden des Chefs wachsen und die Bank macht gute Geschäfte. Und das alles mit einem einzigen 100-Euro-Schein. [...] Eine der wichtigsten Tätigkeiten der Bank ist das Kreditgeschäft – so nennt man es, wenn Banken Geld verleihen und dafür einen Zins nehmen. Der Zins ist der Preis, den die Banken für das Geldverleihen verlangen: Ein Kunde bekommt beispielsweise 100 € von der Bank für ein Jahr geliehen und muss dann 110 € zurückzahlen. Die Differenz zwischen dem geliehenen und dem zurückzuzahlenden Geld ist der Zins. Er ist der Grund, weswegen die Vergabe von Krediten für die Bank ein Geschäft ist. [...] Wenn gewöhnliche Banken Geld brauchen, holen sie sich die Scheine bei der Zentralbank auf Kredit. Der Zins für diesen Kredit, den die Zentralbank erhebt, heißt Leitzins. Das ist der wichtigste Zins überhaupt.

Winand von Petersdorff, Das Geld reicht nie, 2. Aufl., Frankfurt a.M. 2008, S. 97, 106

Aufgaben

1. Wie wäre es für dich, verschuldet zu sein (M 16)? Beschreibe diese Situation.
2. Analysiere die Verschuldung Jugendlicher (M 18).
3. Fasse die Ursachen für die Überschuldung Jugendlicher in einer Liste zusammen (M 16 – M 20).
4. Erläutere, wie eine Bank funktioniert (M 21).
5. Berechne:
   a) Frank zahlt am 1. Januar 500 Euro auf sein Sparkonto ein. Er legt das Geld für drei Jahre fest bei der Bank an. Im 1. Jahr erhält er 2 %, im 2. Jahr 2,5 % und im 3. Jahr 3 % Zinsen. Wie hoch ist sein Guthaben jeweils am Jahresende?
   b) Julia (18) möchte sich einen gebrauchten Kleinwagen kaufen. Sie nimmt von ihrer Bank für ein Jahr einen Kredit in Höhe von 5.000 Euro auf. Die Bank berechnet dafür Zinsen in Höhe von 164 Euro. Die einmalige Bearbeitungsgebühr beträgt 1 % der Kreditsumme. Berechne die monatliche Rate (Tilgung + Zins).

Welchen Nutzen hat Sparen?

M 22 Das Sparverhalten Jugendlicher

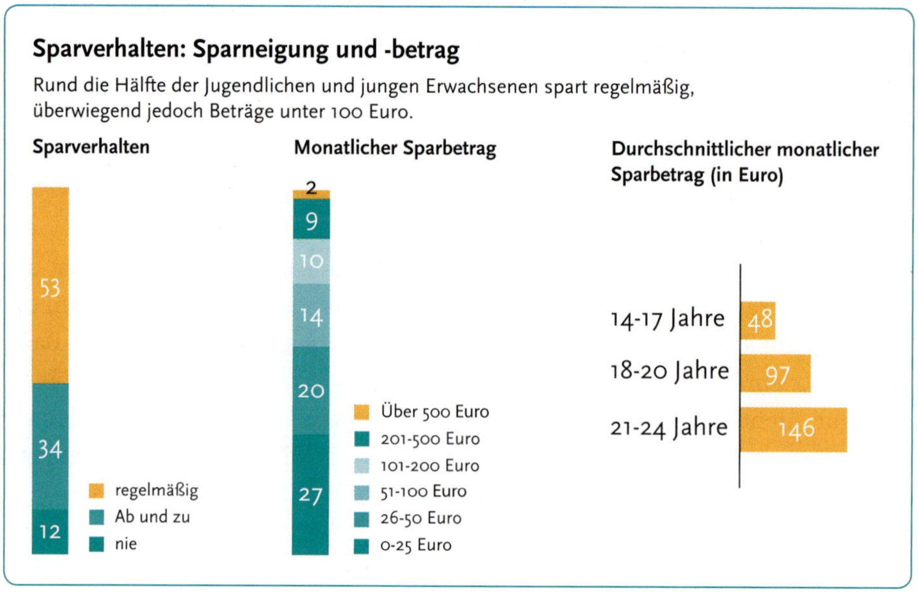

Quelle: Bankenverband

M 23 Warum sollte man sparen?

Sparen bedeutet: „Verzicht auf die Verwendung von Einkommen für gegenwärtigen Konsum von Geld zugunsten zukünftigen Konsums oder langfristiger Vermögensbildung", so beschreibt der Brockhaus den Begriff Sparen.

Mehr als 75% aller Jugendlicher sparen einen Teil ihres Geldes auf einem Sparbuch, Taschengeldkonto oder einem Girokonto. Diese Jugendlichen legen ihr Geld auf die Bank, weil sie dafür Zinsen bekommen, das heißt ihr Geld vermehrt sich im Laufe der Zeit. Ihr Geldbetrag zu Hause in einer Spardose wäre nach 1, 2, 5 oder 10 Jahren zwar noch gleich hoch, wegen der Preissteigerungen wahrscheinlich aber weniger wert.

Man gibt das Geld schneller aus, wenn es griffbereit zu Haus liegt, als wenn man noch zur Bank rennen muss. Im zweiten Falle überlegt man sich die Ausgabe noch länger und genauer.

Da sieht man, dass es sich lohnt Geld auf der Bank anzulegen, auch wenn man vielleicht nicht so sehr viel Zinsen bekommt. Der Zinssatz verändert sich im Laufe der Zeit und hängt von der Europäischen Zentralbank ab. Wenn man Geld spart, kann man sich später vielleicht mal etwas Größeres leisten, was ohne diesen Weg nicht zustande gekommen wäre oder man kann für etwas bestimmtes Sparen, z. B. für einen Autoführerschein. Stellt euch mal vor, ihr müsstet plötzlich eine hohe Summe an Geld zahlen (z. B. eine Strafe). Woher bekommt ihr das Geld? Wie könnt ihr eure Schulden bezahlen? In solchen Notfällen ist das Sparen auch sehr nützlich. Außerdem kommt man durch das Sparen nicht so schnell in Geldnot und fühlt sich dadurch sicherer in der Zukunft.

Das Sparen Jugendlicher ist auch eine gute Übung für das weitere Leben, weil man später mit eigenem Einkommen und eigener Wohnung mit seinem Geld gut haushalten können sollte.

Schülervortrag Klasse 8 zum Nutzen des Sparens

M 24 Wie lege ich mein Geld gut an?

Liquidität
Zahlungsfähigkeit

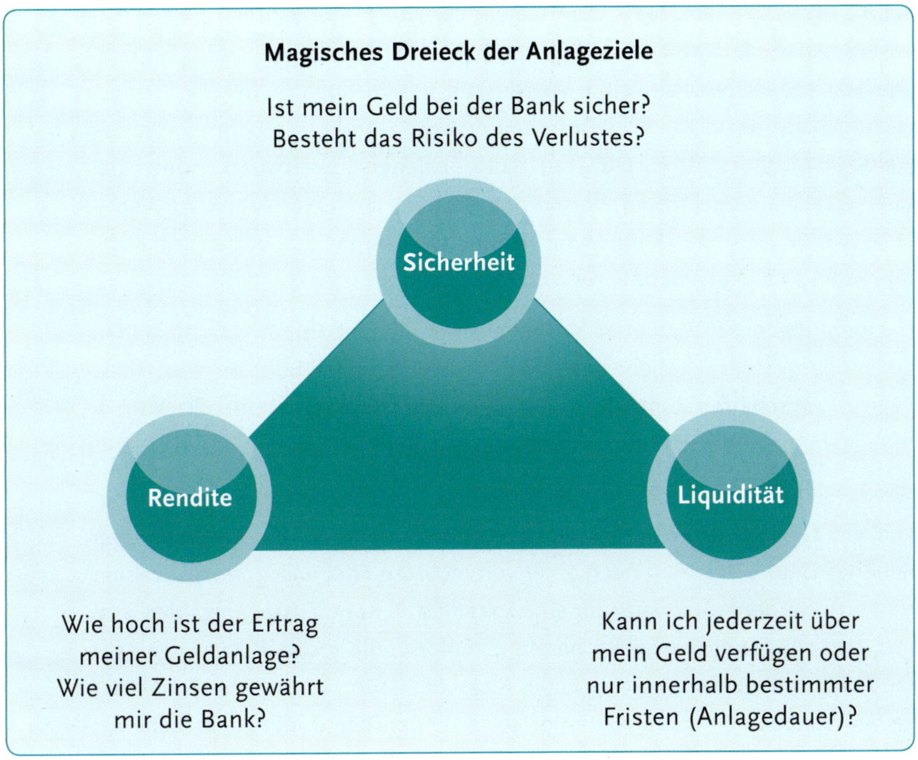

Aufgaben

1. Beschreibe das Sparverhalten Jugendlicher (M 22).
2. Gib die im Schülervortrag genannten Gründe wieder, die für das Sparen sprechen, und ordne sie nach ihrer Wichtigkeit (M 23). Ergänze gegebenenfalls weitere Gründe.
3. Führt in der Klasse eine Diskussion darüber, ob Jugendliche sparen sollten.
4. Beurteile folgende Anlageformen nach den Kriterien Sicherheit, Rendite, Liquidität (M 24): Sparbuch, Sparschwein, Girokonto, Festgeldanlage (vier Jahre).

Was wir wissen

Geldwirtschaft und die Funktionen des Geldes M 4, M 5	Ohne Geld könnten wir heute nicht wirtschaften. Das Geld in Form von Bargeld, also Banknoten oder Münzen, ist Tausch- und Zahlungsmittel, es kann gespart werden und als Wertaufbewahrungsmittel dienen; schließlich ist es eine Recheneinheit, die als Maßstab für den Wert von Waren und Dienstleistungen benutzt wird. Der Naturaltausch hatte gegenüber dem Geld den Nachteil, dass die Tauschgegenstände in der Regel nicht länger aufbewahrt werden konnten und als allgemeiner Wertmaßstab ungeeignet waren.
Wirtschaftskreislauf und Einkommensquellen M 6 – M 9	Um sich einen Überblick über die vielschichtigen Vorgänge einer Volkswirtschaft zu verschaffen, fasst man die wirtschaftlich Handelnden modellhaft zu Wirtschaftssektoren zusammen: z. B. werden Einzelne oder zusammenlebende Menschen, die eine Wirtschaftsgemeinschaft bilden, als private Haushalte bezeichnet. Zwischen Haushalten und Unternehmen fließen Geld- und Güterströme. Die Haushalte beziehen Erwerbseinkommen dadurch, dass sie den Unternehmen den Produktionsfaktor Arbeit zur Verfügung stellen. Daneben können sie weitere Einkommen aus Boden und Kapital-, Miet- und Zinseinkünfte beziehen.
Haushaltsplan M 11	In einem Haushaltsplan oder Budget werden die Einnahmen den Ausgaben gegenübergestellt. Er dient dazu, sich einen Überblick über die finanzielle Lage zu verschaffen. Jugendliche verfügen über Einnahmen, die als Konsumausgaben einen wichtigen wirtschaftlichen Beitrag leisten.
Schulden machen und Sparen M 16 – M 20, M 22 – M 24	Wer seine Ausgaben nicht mit den Einnahmen bestreiten kann, hat die Möglichkeit, z. B. bei einer Bank einen Kredit aufzunehmen. Ein Kredit ist „geliehenes Geld“, das man nach einer vereinbarten Frist wieder zurückzahlen muss. Außerdem muss man für einen Kredit z. T. hohe Zinsen bezahlen. Immer mehr Jugendliche haben bereits Schulden, die große Belastungen für die Zukunft bedeuten, weil sie in der Regel dazu führen, dass der Schuldner seine Ausgaben einschränken oder seine Einnahmen durch zusätzliche Arbeit steigern muss. Problematisch ist, wenn die Einnahmen dauerhaft nicht ausreichen, die Schulden zurückzuzahlen. Dann droht die Überschuldung. Sparen bedeutet, auf Konsum zu verzichten, und ermöglicht finanzielle Handlungsspielräume und mehr Sicherheit für die Zukunft. Dabei stehen ihnen verschiedene Anlagemöglichkeiten zur Verfügung. Während die einen vergleichsweise sicher sind, dafür aber kaum rentabel, versprechen andere hohe Erträge bei großem Risiko. Der Anleger muss meist zwischen folgenden Kriterien entscheiden: Sicherheit, Rentabilität und Liquidität. Diese Kriterien werden als das magische Dreieck der Geldanlage bezeichnet, stehen allerdings in einem Spannungsverhältnis zueinander.
Banken M 21	Banken übernehmen im Wirtschaftsgeschehen wichtige Aufgaben: Sie wickeln Zahlungsvorgänge über Konten ab, machen Angebote für Geldanlagen und Kredite und beraten über alle Geldangelegenheiten.

Planspiel – Haushalten in Krisenzeiten

Herr Müller (47) ist ein erfolgreicher Ingenieur in einem mittelständischen Maschinenbauunternehmen. Seine Frau (44) ist als städtische Angestellte ebenfalls berufstätig. Ihre Tochter Tina (18) steht kurz vor dem Abitur, Anna (15) ist in der 9. Klasse der Realschule und Max (11) geht in die 5. Klasse des Gymnasiums. Der Familie geht es finanziell gut. – Doch dann passiert das Unerwartete: Herr Müller verliert seinen Job, weil seine Firma insolvent ist. Er bekommt zwar 12 Monate lang Arbeitslosengeld I, aber wie soll seine Familie mit 1.200 Euro weniger im Monat auskommen? Herr Müller beschließt, einen „Familienrat" abzuhalten, um einen neuen Haushaltsplan für die Familie zu erstellen.

Aufgabe: Bildet Fünfergruppen. Jedes Gruppenmitglied übernimmt die Rolle eines Familienmitglieds. Diskutiert und entscheidet dann, wie der neue Haushaltsplan aussehen soll. Präsentiert eure Ergebnisse. Prüft in den Gruppen die zukünftige finanzielle Entwicklung der Familie, falls die Ausgaben die Einnahmen übersteigen und ein Kredit für 12 Monate in Höhe von 5.000 Euro aufgenommen wird (Zinssatz 8 %).

Bisheriger Haushaltsplan				Zukünftiger Haushaltsplan		
Einnahmen/Monat		*Ausgaben/Monat*		*Einnahmen/Monat*		*Ausgaben/Monat*
Herr Müller	2.500,-	**Lebensmittel**	800,-	Herr Müller	1.675,-	
Frau Müller	1.700,-	**Miete** Reihenhaus inkl. Nebenkosten	1.208,-	Frau Müller	1.700,-	
Kindergeld	558,-	**Telefon** Internet, 5 Handys	200,-	Kindergeld	558,-	
		Fahrzeugkosten Herr Müller: Familienauto und Motorrad Frau Müller: Kleinwagen	800,-			
		Körperpflege	100,-			
		Kleidung	400,-			
		Kultur Theater, Kino, Bücher, Zeitschriften	200,-			
		Reisen	300,-			
		Taschengeld Tina 80,-; Anna 50,-; Max 20,-	150,-			
		Sportvereine Frau Müller: Fitness 65,-; Tina: Schwimmverein 20,-; Anna: Tennis 20,-/Golf 60,-/ Reiten 75,-; Max: Fußball 10,-	250,-			
		Versicherungen Lebensversicherung, Skiversicherung, Haftpflichtversicherung, Unfallversicherung	150,-			
		Möbel, Computer	50,-			
		Sparen	150,-			
Gesamt:	4.758,-		4.758,-			

2.3 Konsum unter der Lupe – was das Konsumverhalten beeinflusst

Was soll ich kaufen?

M 1 Was ist entscheidend beim Handykauf?

Die Auswahl ist riesig. Doch wie findet man das passende Produkt?

Derzeit gibt es in Deutschland mehr Handys als Bundesbürger. Das bedeutet, dass viele Deutsche nicht nur ein, sondern gleich mehrere Mobiltelefone besitzen. Doch was sind die wichtigsten Auswahlkriterien beim Kauf eines neuen Handys? Eine aktuelle Studie des Marktforschungsunternehmens Konzept & Analyse unter 400 Probanden ging dieser Frage nach. Das überraschende Ergebnis: Bei den meisten Konsumenten (39 Prozent) entscheiden der Markenname und das Design darüber, welches Handy sie erwerben. Erst an zweiter Stelle steht die Funktionalität des Telefons. So machen 31 Prozent der Befragten ihre Kaufentscheidung von der technischen Ausstattung des Handys abhängig. Lediglich 16 Prozent der Konsumenten finden es am wichtigsten, dass das Mobiltelefon möglichst günstig ist beziehungsweise sie bei einem Vertragsabschluss nichts dazu bezahlen müssen.

Besonders interessant: Marke und Optik sind für Frauen noch wichtiger als für Männer (Frauen: 41 Prozent, Männer: 36 Prozent). Männer wiederum begründen ihre Entscheidung beim Handykauf stärker mit der technischen Ausstattung des Telefons (Frauen: 28 Prozent, Männer: 35 Prozent). Für Jugendliche haben der Herstellername und das Aussehen im Vergleich mit den älteren Altersgruppen die weitaus größte Bedeutung beim Kauf eines bestimmten Mobiltelefons. Über die Hälfte der 14- bis 17-Jährigen (52 Prozent) macht ihre Kaufentscheidung von diesen beiden Aspekten abhängig. Bei den Befragten über 60 Jahre entscheidet dagegen vor allem die Funktionalität beziehungsweise eine möglichst unkomplizierte Handhabung (39 Prozent) des Telefons über den Kauf.

Nach: www.inside-handy.de, 7.11.2008

Aufgaben

1. Fasse die Auswahlkriterien für den Handykauf, die in M 1 genannt sind, zusammen. Ergänze gegebenenfalls weitere Kaufkriterien.
2. Bildet Vierer-Teams. Einigt euch im Team auf eine Prioritätenliste (Rangfolge) der Kaufkriterien.

Methode

M 2 Webquest – wie kann ich mich im Internet gezielt informieren?

Fall 1
Dein Onkel will sich zum ersten Mal überhaupt ein Handy zulegen. Er hat keine Ahnung von all den technischen Details, schon gar keinen Überblick über die unterschiedlichen Tarife. Hilfe suchend wendet er sich an dich. Du empfiehlst ihm ein passendes Modell und einen geeigneten Tarif. Erläutere deinen Vorschlag in einem kurzen, aber anschaulichen Brief, dem noch eine illustrierte Seite beigefügt ist, damit der Onkel sich das Gerät und alle wichtigen Details wirklich vorstellen kann.

Fall 2
Dein Freund kennt sich schon ganz gut aus mit Handys. Er hat zur Konfirmation Geld geschenkt bekommen und möchte sich endlich ein Multimedia-Handy kaufen. Er muss allerdings seine Eltern noch von dem Gerät und dem Tarif überzeugen. Sucht ein geeignetes Gerät für ihn aus und macht einen Tarifvorschlag anhand eines selbst gestalteten Prospekts, den er dann auch seinen Eltern zeigen kann.

Arbeitsschritte bei einem Webquest
1. Arbeitet zu zweit oder zu dritt an einem Rechner.
2. Diskutiert zunächst, nach welchen Gesichtspunkten ihr die Handy-Angebote untersuchen wollt. Achtet darauf, dass ihr möglichst viele relevante Gesichtspunkte erfasst. Versetzt euch in die Perspektive eures Adressaten. Berücksichtigt dabei, welche Bedürfnisse, welche Erfahrungen und Vorkenntnisse, welche finanziellen Möglichkeiten die Person jeweils haben könnte. Überlegt euch, wozu die jeweilige Person das Handy benötigt oder wie sie es nutzen will. Entscheidet danach, welche Ausstattung jeweils notwendig oder geeignet sein könnte.
3. Recherchiert auf den angegebenen Seiten (siehe Quellen) die erforderlichen Informationen.
4. Erstellt einen arbeitsteiligen Zeitplan, damit ihr den Arbeitsprozess übersichtlich strukturieren und jederzeit verfolgen könnt.
5. Achtet darauf, dass ihr die zeitlichen Vorgaben einhaltet.
6. Gestaltet nun den Brief oder den Prospekt (wahlweise auch eine PowerPoint-Präsentation oder ein Plakat). Achtet darauf, dass ihr den Adressaten von eurem Vorschlag überzeugen wollt.
7. Vergleicht eure Ergebnisse und diskutiert über die unterschiedlichen Vorschläge.
8. Ermittelt jeweils einen Top-Vorschlag. Orientiert euch bei der Auswahl an den Bewertungskriterien.

Quellen

Allgemeine Infos zu Handys
www.checked4you.de (Verbraucherzentrale NRW)
www.handywissen.info (Landesstelle Kinder- und Jugendschutz Sachsen-Anhalt e.V.)
www.handysektor.de (Landesanstalt für Medien NRW)

Testberichte/Vergleiche
www.inside-handy.de/handyvergleich/
www.chip.de/handy/
www.geizkragen.de
www.preisvergleich.de
www.blitztarif.de
www.handytarife.de
www.testberichte.de
www.test.de
www.oekotest.de

Bewertung der Ergebnisse
1. Wie weit sind die gestellten Aufgaben inhaltlich gelöst worden?
   - die Aufgaben/Probleme wurden nicht oder falsch gelöst
   - die Lösungen weisen noch Lücken auf
   - die Aufgaben wurden vollständig gelöst
2. Wie ist die Präsentation der Ergebnisse zu bewerten?
   - technischer Anspruch der Präsentation
   - inhaltliche Qualität und Strukturierung
   - Design, Layout, grafische und mediengerechte Darstellung
   - mündliche Kommentierung

Das Marktmodell – bestimmt der Preis den Kauf?

M 3 Die Märkte – der Markt

Rossmarkt um 1900

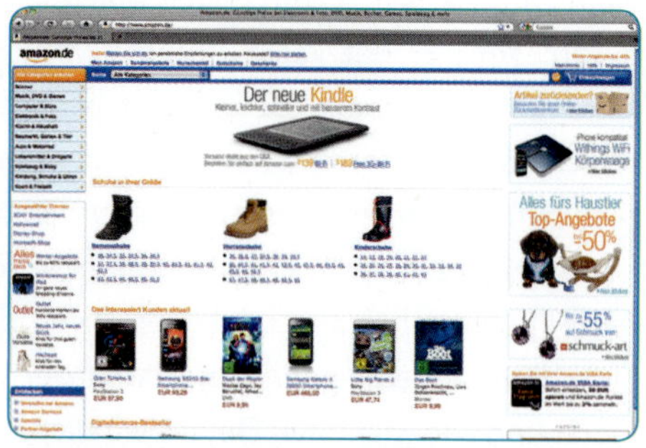

Virtueller Marktplatz

Börse in Frankfurt

Flohmarkt

Märkte sind eine der erstaunlichsten Entwicklungen der Menschheit. Es gab sie zu allen Zeiten und überall auf der Welt. Niemand hat jemals das Prinzip des Marktes „erfunden", die Menschen entwickelten es unbewusst, indem sie einfach ihren eigenen Bedürfnissen nachgingen. Es funktionierte auf den Wochenmärkten im Mittelalter nicht anders als auf den Basaren der arabischen Städte, auf Flohmärkten oder an den modernen Börsen: Wer etwas anzubieten hat, möchte dieses möglichst teuer verkaufen, wer etwas braucht, will dafür möglichst wenig bezahlen.

Nach: Nikolaus Piper, Geschichte der Wirtschaft, Weinheim u. a. 2002, S. 52

M 4 Das Angebot – wieso sind die Regale im Supermarkt so voll?

In Deutschland entscheidet keine Regierung, kein Parlament und kein Beamter über die Sortimente im Supermarkt. Die Entscheidung trifft der Supermarktbesitzer. Er sorgt für genug Brot, Marmelade und Tiefkühlpizza. Die Entscheidung fällt er, weil er sich davon etwas verspricht: Er glaubt, die Waren verkaufen zu können und damit Geld zu verdienen. Der Supermarktbesitzer muss dazu die Ware zunächst selbst einkaufen. Er kauft Marmelade zum Beispiel für 1 Euro das Glas ein und verkauft sie für 1,69 Euro. 69 Cent bleiben also erst einmal für ihn. Wenn er am Tag

30 Marmeladengläser verkauft, summiert sich das zu rund 20 Euro. [...] Geld bleibt für den Supermarkt-Chef unter einer Bedingung übrig: Er verkauft die Produkte teurer, als er sie einkauft. Der Kaufmann will Gewinn machen, und zwar möglichst viel davon: Gewinn ist der Rest, der übrig bleibt, wenn er von seinen gesamten Einnahmen seine gesamten Ausgaben abzieht. Kürzer gesagt: Gewinn gleich Einnahmen minus Ausgaben.
Ausgaben hat er nicht nur, weil er die Marmelade selbst beim Großhändler oder bei der Marmeladenfabrik einkaufen muss. Er muss auch seine Kassiererinnen bezahlen, den Strom für Licht und Heizung, die Preisetikettiermaschine und die Scannerkasse. Der Chef hat deshalb ein Ziel: Er will seine Preise für Marmelade und alle anderen Produkte so hoch setzen, dass für ihn möglichst viel Gewinn übrig bleibt. [...]
Ökonomen glauben, dass die Menschen von Grund auf eigennützig sind. Und sie nehmen an, dass dieser Eigennutz eine der Hauptursachen ist, warum ein Markt funktioniert: Der Kaufmann will viel Geld für sich und seine Familie einnehmen. Deswegen sucht er Produkte – Schokoladenriegel oder Tütensuppen, Zahnpasta oder Spaghetti –, die andere Menschen haben wollen. Er stellt sie ins Regal und bietet sie ihnen zum Verkauf an. Ganz schlicht ausgedrückt: Sein Egoismus macht die Regale voll. [...] Tütensuppen verkaufen ist für den Kaufmann nützlicher als Tütensuppen verschenken.
Das bedeutet nicht, dass Menschen im Weltbild der Ökonomen kaltherzig sind. Denn der Nutzen des einen ist nicht unbedingt der Schaden des anderen. Im Gegenteil: Der Händler liefert Tütensuppen, weil er auf mein Geld scharf ist. Ich gebe ihm mein Geld, weil ich auf seine Tütensuppen scharf bin. Beide, ich und er, sind wir nach dem Geschäft ein Stück zufriedener.

Winand von Petersdorff, Das Geld reicht nie, 2. Aufl., Frankfurt 2008, S. 16 – 20

M 5 Die Nachfrage – wie man Egoisten zähmt

Im Frühjahr 2007 tourte die Sängerin Beyoncé Knowles durch Deutschland. In vier Städten machte sie Station. Die Hallen fassten zehntausende Plätze. Die Karten kosteten zwischen 50 und 90 Euro. Das ist viel Geld für die zumeist 12 bis 16 Jahre alten Besucher. Trotzdem waren die Konzerte schnell ausverkauft.
Wie begehrt die Karten waren, zeigte sich im Internetauktionshaus Ebay, wo 70-Euro-Karten für 100 Euro gehandelt wurden. Vor der Frankfurter Festhalle standen am Konzerttag Leute, die ihre Karten für 150 bis 250 Euro weiter verkaufen wollten.
Die Karten waren knapp. Und mehr gab es nicht. Deshalb wetteiferten die Leute um die wenigen Karten, die noch da waren. Jeder versuchte, dem Kartenbesitzer mehr Geld zu bieten als die anderen. So stieg der Preis der Karte. Sie ging schließlich an den, der am meisten dafür bot.
Die Regel dazu lautet: Übersteigt die Nachfrage (nach Karten) das Angebot (an Karten), dann steigt der Preis solange, bis die überzähligen Nach-

frager abgesprungen sind und die Nachfrage (nach Karten) gleich dem Angebot (nach Karten) ist.

Wenn doch alle Beyoncé lieben, hätte sie möglicherweise die Tickets für ihre Konzerte noch teurer machen können, um mehr Geld zu verdienen. Warum hat sie das nicht gemacht? [...]

Wird Beyoncé zu teuer, verlieren selbst große Anhänger das Interesse an ihr. Denn sie wollen trotzdem weiter nicht aufs Handytelefonieren verzichten und trotzdem weiter ab und zu mal ins Kino gehen können. Die Freiheit der 1981 geborenen Sängerin, Tickets teuer zu machen, wird begrenzt durch das Taschengeld ihrer treuen Kunden. [...]

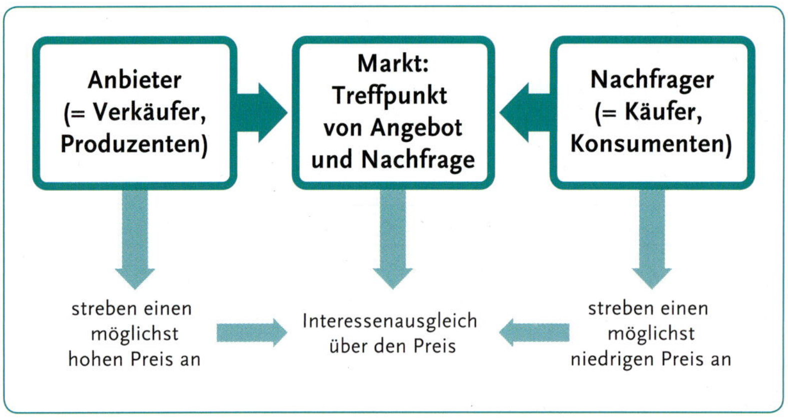

Grundsätzlich steht Beyoncé aber trotzdem vor folgendem Zwiespalt: Verlangt sie zu viel Geld für das Ticket, bricht ihr das Publikum weg. Verlangt sie zu wenig Geld, bricht ihr der Gewinn weg. Beyoncé muss genauso praktisch denken wie ein Bäcker oder ein Kaufmann. Das tut sie auch.

Offensichtlich hängen Preis und Nachfrage (Kaufwunsch) zusammen. Kunden kaufen etwas, wenn sie es haben wollen und wenn sie Geld dafür locker machen können. Der Anbieter hingegen setzt den Preis hoch genug, damit für ihn Gewinn bleibt, und so hoch wie gerade möglich, ohne Kunden abzuschrecken. Er will für sich das Beste herausholen: viel Gewinn.

Der Trost aus diesem Mechanismus lautet: Wir Kunden sind Verkäufern, Sängern und anderen Anbietern nicht hilflos ausgeliefert. Sie müssen aus Eigennutz unsere Wünsche und unsere Zahlungsbereitschaft ergründen und respektieren, damit sie nicht auf ihrer Ware sitzen bleiben.

Winand von Petersdorff, Das Geld reicht nie, 2. Aufl., Frankfurt 2008, S. 20-23

Aufgaben

1. Vergleiche die abgebildeten Märkte. Was haben sie gemeinsam, was unterscheidet sie (M 3)?
2. Erkläre, warum die Regale in Supermärkten so gut gefüllt sind und welche Rolle der Eigennutz der Menschen dabei spielt (M 4).
3. Erläutere, wie sich Preise bilden und welche Funktion sie haben (M 4 und M 5).

Methode

M 6 Preisbildung im Modell: „Preis-Mengen-Diagramm“

Ein paar Worte zur Methode

Ja, es gibt nichts Praktischeres als eine gute Theorie. Jedes Weltbild, jede Analyse folgt einer Theorie oder einem Modell. Anders könnte man die Realität nicht erfassen. Uns fehlte einfach die Handlungsgrundlage. Aber warum? Weil die Welt so „komplex“ ist, dass zu ihrem auch nur annähernden Verständnis eine – oft erschreckend – vereinfachte Darstellung nötig ist. [...] Es ist deshalb unsinnig, ein Modell zu kritisieren, weil es zu einfach und nicht „realistisch“ genug sei. Modelle sind naturgemäß nicht realistisch, und kein Ökonom ist so blind, das nicht zu sehen. Er überlegt sich ja gerade eine Theorie, um jene Phänomene, die zu komplex für unsere Hirne sind, in ihrem Kern zu erfassen; von daher auch die zwingende Notwendigkeit, sich eine vereinfachte, „unrealistische“ Darstellung dieser Phänomene auszudenken. Nach dieser Methode arbeiteten schon die Wissenschaftler im Mittelalter. Physiker verwenden extrem vereinfachte Modelle von Atomen, Wirtschaftswissenschaftler benutzen nicht weniger vereinfachte Modelle von Märkten.

Daraus lässt sich allerdings nicht ableiten, dass alle Theorien gleichermaßen gültig sind. Es gilt auch nicht, Modelle zu konstruieren, die so einfach sind, dass sie absurd werden. Oder, um es mit Paul Valery zu sagen: Was einfach ist, ist falsch, was komplex ist, ist nicht brauchbar. Eine Theorie sollte so gestaltet sein, dass darin alle unwichtigen Aspekte eines Phänomens unbeachtet bleiben. Das zu erreichen ist nicht nur eine Wissenschaft, sondern auch eine Kunst.

André Fourcans, Die Welt der Wirtschaft, 4. Aufl., Frankfurt 1999, S. 19 f.

Preisbildung unter der Lupe

Um das Prinzip der Preisbildung zu verstehen, bedient man sich eines Modells. In diesem Modell wird angenommen, dass sich Angebot und Nachfrage unabhängig voneinander bilden. Betrachten wir also zunächst die Nachfrageseite:

Für Schüler und Lehrer einer Schule soll ein Mittagessen angeboten werden. Jeden Donnerstag sollen Gemüseburger verkauft werden. Lehrer und Schüler stellen die Nachfrage auf dem Gemüseburgermarkt dar. Natürlich unterscheiden sich die Nachfrager: Manche haben mehr, manche weniger Hunger, einige haben mehr Geld für den Mittagstisch zur Verfügung als andere, nicht alle mögen Gemüseburger, für viele ist es ihr Leibgericht. Wie könnte sich also die Nachfrage nach den Bratlingen entwickeln? Nehmen wir an, 100 Schüler und Lehrer wären bereit, 3 € für ihren Gemüseburger auszugeben. Bei einem niedrigeren Preis von 2 € wären schon weitere 100 Schüler und Lehrer geneigt, den Mittagssnack zu kaufen. Nochmals 100 Schüler und Lehrer würden die Burger nachfragen, wenn der Preis dafür nur 1 € betragen würde.

Es ist einleuchtend, dass die Schüler und Lehrer, die bereit gewesen wären, 2 oder 3 € für den vegetarischen Burger auszugeben, auch für 1 € kaufen würden. Sie freuen sich lediglich, dass sie ihn so günstig bekommen. Wie man erkennen kann, ist die Nachfrage bei einem niedrigen Preis höher. Umgekehrt ist die Nachfrage geringer, wenn der Preis hoch ist. Deshalb addiert sich die Nachfrage der einzelnen Käufer mit abnehmendem Preis. Im Modell spricht man von der aggregierten (zusammengefassten) Nachfrage. Sie lässt sich grafisch so darstellen:

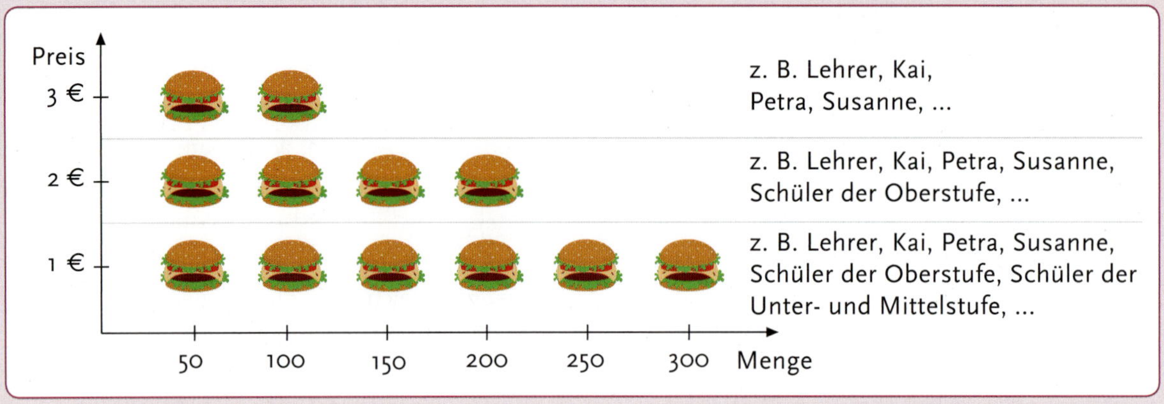

Ein gezeichneter Burger steht für 50 „echte" Burger.

Betrachten wir nun die Angebotsseite: Hausmeister, Eltern und ein Catering-Service wären bereit, die Gemüseburger anzubieten. Der Hausmeister, so nehmen wir an, könnte mit seiner Frau 100 vegetarische Bratlinge für 1 € verkaufen. Die Eltern könnten zusammen 100 Gemüseburger für 2 € anbieten, da ihr Herstellungsaufwand etwas größer wäre. Sie müssten sich abstimmen, wer wie viele Burger produziert, und den Transport zur Schule organisieren. Der Catering-Service mit hohen Personalkosten könnte weitere 100 Burger für 3 € anbieten. Selbstverständlich würden Hausmeister und Eltern auch für 3 € ihre Gemüseburger anbieten können. Hier addiert sich also das Angebot bei steigendem Preis. Man spricht vom aggregierten (zusammengefassten) Angebot. Je höher der Preis, desto größer ist die angebotene Menge. Je niedriger der Preis, desto geringer das Angebot, weil nur wenige Anbieter in der Lage sind, zu diesem Preis zu produzieren. Anbieter, die bei einem niedrigeren Preis nicht mehr gewinnbringend produzieren können, werden einfach vom Markt verdrängt. Die Angebotsseite im Beispiel lässt sich grafisch so darstellen:

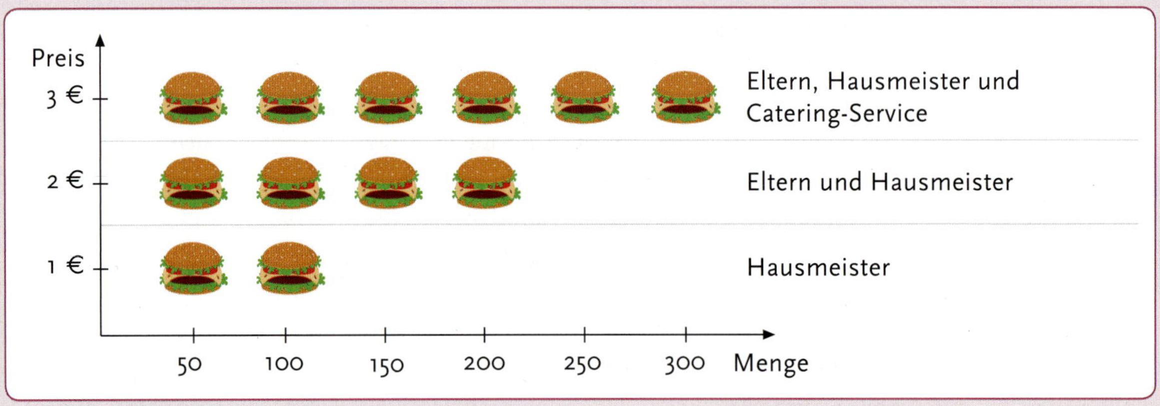

Ungleichgewichte von Angebot und Nachfrage

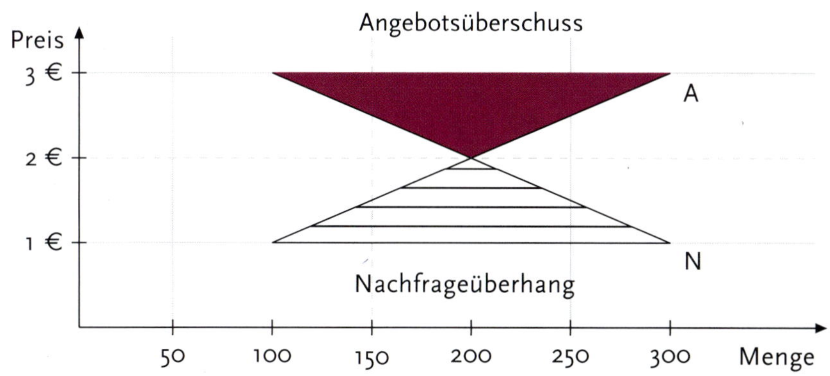

Ist der von den Anbietern festgesetze Preis höher als der Gleichgewichtspreis, so kommt es zu einer Nachfragelücke bzw. zu einem Angebotsüberschuss. Ist der Preis niedriger als der Gleichgewichtspreis, so kommt es zu einem Nachfrageüberhang.

Zum Preis von 3 € pro Gemüseburger beträgt die Nachfrage in der Schulkantine nur 100 Stück, angeboten würden jedoch 300 Burger. Die Differenz bezeichnet man als Angebotsüberschuss. Konkret bleiben diese Burger einfach übrig. Da sie nicht haltbar sind, werden die Anbieter sich überlegen, ob sie ihre Preispolitik (oder ihre Mengenpolitik) ändern. Sobald aber klar ist, dass diese Menge nur zu einem erheblich niedrigeren Preis verkäuflich ist, wird sich der Catering-Service zurückziehen. Für weniger als 3 €/Stück kann er seine Kosten nicht mehr decken. Das Angebot geht zurück, es bleiben Eltern und Hausmeister, die den Gemüseburger auch für einen Verkaufspreis von 2 € rentabel produzieren können.

Aufgaben

1. Übertrage die Werte und zeichne die Nachfragekurve (Liniendiagramm) und die Angebotskurve (Liniendiagramm) in ein Koordinatensystem ein (M 6).
2. Der Gleichgewichtspreis ist der Preis, zu dem sich die beiden Geraden schneiden. Hier ist der Umsatz (Menge x Preis) am höchsten. Bestimme den Gleichgewichtspreis und berechne den Höchstumsatz.
3. Fasst in Gruppenarbeit in einer Tabelle zusammen, von welchen Faktoren die Bereitschaft, Gemüseburger zu kaufen und zu verkaufen, abhängig ist (M 6).
4. Überprüfe, ob die von dir zusammengestellten Einflussfaktoren auf Angebot und Nachfrage auch allgemein gelten.

Erkläre anhand der Grafik, was man unter einem Angebotsüberschuss bzw. Nachfrageüberhang versteht (M 6).

Wie wichtig ist die Marke?

M 7 Warum gibt es Jeans für 9 und für 900 Euro?

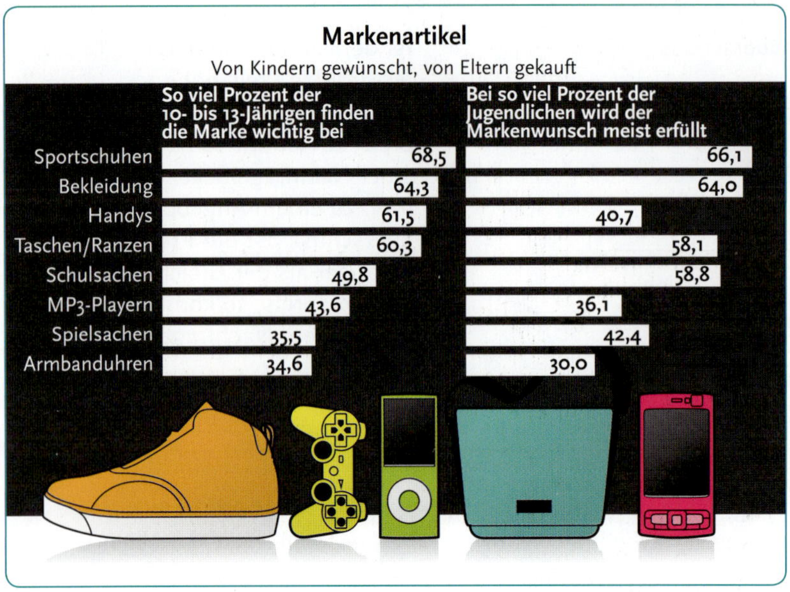

Quelle: KVA 2009, Globus-Grafik 3052

8,99 Euro für eine Jeans - solche Angebote finden wir immer wieder in den Prospekten der Discounter. Und gleichzeitig gibt es auf der Welt Läden, in denen Jeans mehr als 900 Euro kosten. Der Designer Roberto Cavalli verlangt sogar manchmal mehr als 2.000 Euro. Die Jeans unterscheiden sich durch ein paar Stickereien - und dadurch, dass die teuren oft deutlich älter aussehen. Trotzdem finden Jeans in beiden Preisklassen Käufer. Warum?

Weil auf der teuren Jeans auch ein Name aufgestickt ist, zum Beispiel der von Roberto Cavalli. Dass die Jeans von ihm kommt, macht sie für einige Käufer hundertmal so wertvoll wie die unbestickte Jeans vom Discounter: Cavallis Name ist zur Marke geworden. Und dass Markenartikel teuer sind, hat eine lange Tradition. Schon im alten Mesopotamien sollen Händler ihre Transportkrüge mit speziellen Siegeln markiert haben. Im Mittelalter wurde diese Praxis noch populärer: Sogar Käse zeigte spezielle Herkunftsmarken, und Michelangelo hinterließ auf seinen Werken seine Meistermarke. Der Grund war immer der gleiche: Der Verkäufer wollte den Preis für seine Ware in die Höhe treiben, indem er mit seinem Zeichen für die Qualität bürgte. [...] Doch blicken wir auf unsere Jeans: Sind Roberto Cavallis Hosen mehr als den 100-fachen Preis wert, weil sie länger halten? Sicher nicht. Angenommen, die Discounter-Jeans hält mindestens ein halbes Jahr: Dann müsste man die Cavalli-Jeans mindestens 50 Jahre tragen - und in dieser Zeit auch noch die Kleidergröße halten.

Es muss also noch etwas anderes geben, das uns dazu bringt, 900 Euro für eine Jeans auszugeben. [...]

Die Wissenschaftler sehen: Wenn wir einkaufen, findet im Gehirn ein Kampf statt. [...] Das Engelchen, das ist die Schmerzregion in der Nähe der Schläfen. Sie ärgert sich darüber, dass wir so viel Geld ausgeben wollen. Das Teufelchen ist das Lustzentrum, das zum Teil direkt hinter den Augen und zu einem anderen Teil tief im Gehirn sitzt. Dort hat nicht nur die Freude an gekauften Dingen ihre Heimat, sondern beispielsweise auch der Kick beim Drogenrausch. Die Entscheidung lässt sich recht einfach zusammenfassen: Wenn das Teufelchen im

Lustzentrum aktiver ist als das Engelchen im Schmerzzentrum, dann schlagen wir zu. [...] Und welche Belohnung verspricht nun die 900-Euro-Jeans? Individualismus. Sie grenzt die Käufer von all denen ab, die so eine Jeans nicht haben. Das sei eine der wichtigsten Belohnungen überhaupt. Die Abgrenzung kann an unterschiedlichen Eigenschaften erfolgen: Wir fühlen uns schlauer, cooler oder trendiger als andere. Oder eben reicher. Kurz gesagt – wir sind deshalb bereit, so viel Geld für die 900-Euro-Jeans zu zahlen, weil sie so teuer ist.

Patrick Bernau, Frankfurter Allgemeine Sonntagszeitung, 18.11.2007

M 8 Kontrovers diskutiert: Schulbekleidung gegen Markenterror?

Pro: stärkeres Gemeinschaftsgefühl

Der Hauptgrund für eine Schuluniform ist die Stärkung des Gemeinschaftsgefühls der Schüler untereinander. Das Bestreben, die Mitschüler durch teure Markenkleidung zu übertrumpfen, kann so besser unterbunden werden. Uniformen fördern den Ausdruck charakterlicher Individualität, die sich eben nicht auf teure Markenkleidung beschränkt. Auch die finanzielle Situation der einzelnen Schüler ist nicht gleich ablesbar. Besonders in Ländern mit starkem sozialen Gefälle schätzen Eltern, dass ihre Kinder für den Schulbesuch Schuluniformen tragen. Diese sind relativ preiswert zu erwerben. Hochwertige Kleidung können sich viele für ihre Kinder nicht leisten. Laut einer Studie der Universität Gießen lernen Schüler besser, welche einheitliche Kleidung tragen; außerdem sind sie rücksichtsvoller und können sich besser konzentrieren.

Kontra: Eingriff in Selbstbestimmungsrecht

Eine Schuluniformpflicht stellt einen Eingriff in das Selbstbestimmungsrecht der Kinder und ihrer Eltern dar. Da Erwachsene oft einen anderen Geschmack als Kinder oder Jugendliche haben, wird von Schülern bei der einheitlichen Kleidung ein langweiliger Stil befürchtet. Auch wird der Konkurrenzkampf durch Schuluniformen nur gelindert, nicht beendet, denn Schüler versuchen sich von anderen abzugrenzen, zum Beispiel mit auffälligem Haarschnitt, teuren Schuhen oder Schmuck. Man darf auch nicht übersehen, dass einheitliche Kleidung auch Konkurrenz und Konflikte zwischen verschiedenen Schulen und insbesondere Schultypen hervorrufen kann.

Nach: wikipedia.de (Stichwort: Schuluniformen)

zu Aufgabe 2
Unterscheide zunächst die im Text genannten Argumente. Formuliere in eigenen Worten und ordne die Argumente anschließend nach ihrer Wichtigkeit.

Aufgaben

1. a) Erkläre, warum Menschen teure(re) Markenprodukte kaufen (M 7).

b) Sammle für dich die Produkte, bei denen du Wert auf eine bestimmte Marke legst. Vergleicht die Ergebnisse in der Klasse und versucht, eine Erklärung dafür zu finden.

2. Erörtert ausgehend von M 8 die Frage, ob einheitliche Schulkleidung ein Weg ist, um dem „Markenterror“ zu entgehen.

Brauchen wir Werbung?

M 9 Werbeslogans

Just do it.
Nichts ist unmöglich.
Have a break, have a ...
... sonst nichts.
Besser ankommen.
Think different.
... macht Kinder froh und Erwachsene ebenso.
Nicht immer, aber immer öfter.
Vorsprung durch Technik.
Quadratisch, praktisch, gut.
Die schönsten Pausen sind lila.
... und der Hunger ist gegessen.

M 10 Die teuerste Werbung der Welt

Wenn am Sonntagabend im Lucas Oil Stadium in Indianapolis das Super Bowl-Finale zwischen den New England Patriots und den New York Giants ausgetragen wird, werden Hunderte Millionen Zuschauer vor den Fernsehern sitzen und Football gucken. Fast genauso wichtig wie das Gerangel und Gekicke beim überdimensionierten Rasen-Schach ist der Werbeblock in der Halbzeitpause. Großkonzerne zahlen Millionen, um dort Werbung schalten zu dürfen. Die Half Break des Super Bowls sind die teuersten Werbesekunden der Welt. 30 Sekunden kosten in diesem Jahr rund 3,5 Millionen Dollar.

In der Regel produzieren Unternehmen extra für diese Pause originelle Werbefilme. So hat beispielsweise Volkswagen im vergangenen Jahr einen Spot drehen lassen, in dem ein kleiner Junge als Darth Vader verkleidet versucht, magische Kräfte zu entwickeln – vergeblich. Erst der neue VW-Passat nimmt mit dem Steppke Kontakt auf, nachdem der Vater des Jungen per Fernbedienung das Blinklicht aktiviert. Feierten in der Vergangenheit die Super Bowl-Filmchen tatsächlich ihre Premiere immer erst in der Halbzeitpause, gehen in diesem Jahr viele Unternehmen dazu über, ihre Spots zumindest in Ausschnitten wenige Tage vor dem Spektakel bei Youtube hochzuladen. Mit Erfolg. Die Werbeclips werden millionenfach geklickt.

Nach: Christoph Giesen, Süddeutsche Zeitung, 6.2.2012

M 11 Transfer-Coup perfekt: Lionel Messi wechselt zu EA SPORTS

Electronic Arts gab heute die Verpflichtung des weltbesten Fußballers bekannt: Lionel Messi, Argentiniens Ballvirtuose und Superstar des FC Barcelona wird ab sofort zum langfristigen globalen Gesicht der gesamten EA SPORTS FIFA-Reihe. Der Weltfußballer der Jahre 2009 und 2010 wird demnach bereits im März 2012 sein Debüt im Jersey von EA SPORTS feiern können: Als Coverstar des neuen FIFA Street.

Dass EA SPORTS mit Lionel Messi einen der größten Ballzauberer dieser Zeit zu seinem Fußballbotschafter macht, ist nicht nur ein Zeichen der großen Verbundenheit zum Sport, sondern mit Blick auf die Leistungen beider Seiten auch kein Zufall.

„Unsere FIFA-Serie ist weltweit die Nummer eins der Sport-Videospiele, und Lionel Messi ist die weltweite Nummer eins der Fußballspieler - dass wir uns nun zusammentun, ist also eine echte Partnerschaft der Superstars", so Matt Bilbey, Vice President und Geschäftsführer für Fußball bei EA SPORTS. „Mit Messi haben wir nun den weltbesten und aufregendsten Spieler im Team. Er wird uns dabei helfen, unsere führende Rolle auf dem globalen Markt auf Jahre hinaus zu sichern."

Nach: www.ea.com, 24.11.2011

Lionel Messi im Trikot des FC Barcelona

M 12 Warum gibt es Werbung?

Wir begegnen Werbung überall: Auf Bahnhöfen, in Einkaufszentren, an Bushaltestellen und Plakatwänden, in Schaufenstern und als bunte Inszenierung auf den Straßen. Aber nicht nur außer Haus, auch in den Familien begegnen wir ihr, denn Zeitungen und Zeitschriften, Radio, Fernsehen und das Internet sind ihre wichtigsten Träger.

Warum gibt es Werbung? Ganz allgemein dient Werbung dazu, die Verkaufszahlen eines Produktes zu steigern. Der Kunde soll über neue Produkte und deren Eigenschaften informiert und motiviert werden, sich näher mit dem Produkt auseinanderzusetzen und es schließlich zu kaufen. Dazu muss die Werbung den Kunden zunächst auf das Produkt aufmerksam machen, d. h. der Umworbene muss die Werbung zunächst hören oder sehen. Die Werbebotschaft, also die Grundaussage der Werbung, soll dem Umworbenen im Gedächtnis bleiben. Aufgrund der Werbung soll ein Kaufwunsch entstehen, weil der Umworbene mit der Ware positive Gefühle verbindet, die durch die Werbung vermittelt werden. Gute Werbung ist deshalb in der Regel nicht langweilig.

Nicht zu vergessen ist, dass Werbung ein wichtiger Wirtschaftszweig ist, in dem über 600.000 Menschen arbeiten und der viele attraktive Berufsfelder bietet. Außerdem finanzieren sich die Medien zu einem nicht geringen Teil durch Werbeeinnahmen.

M 13 Werbung – zwei Meinungen

Tim (15)

Werbung informiert einen darüber, was gerade „hip" und „cool" ist. Damit können wir uns einen guten Überblick über das Marktangebot verschaffen. Werbung fördert den Wettbewerb der Anbieter. Sie ist oft schön und originell gemacht und die Sprüche sind manchmal sehr lustig, sodass wir gut unterhalten werden. Die Werbebranche bietet zahlreiche interessante Arbeitsplätze und durch die Einnahmen aus Werbung finanzieren sich zahlreiche Medien. Viele Arbeitsplätze können deshalb erhalten oder neu geschaffen werden.

Lea (13)

Werbung setzt einen unter Druck, weil sie einem das Gefühl gibt, blöd zu sein, wenn man ihr nicht folgt. Sie will einem vorschreiben, was schön oder gut für einen ist. Werbung wurde erfunden, um Menschen Dinge anzudrehen, die sie eigentlich nicht brauchen oder wollen. Werbung versucht uns also zu manipulieren. Die Werbung gaukelt uns eine heile Welt vor und weckt bei uns Illusionen. Unternehmen schlagen die Kosten für Werbung auf die Produktpreise drauf, sodass die Produkte teurer werden.

Aufgaben

1. Ordnet die Werbeslogans in M 9 den einzelnen Produkten / Unternehmen zu. Nenne weitere Slogans, die du kennst.
2. Überprüfe, ob die Werbemacher ihre Ziele mit den Slogans in M 9 bei dir erreicht haben.
3. Erläutere, wieso EA SPORTS gerade Lionel Messi für seine Werbekampagne ausgewählt hat (M 11).
4. Begründe die hohen Investitionen von Unternehmen in Werbung (M 10).
5. Was spricht für, was spricht gegen Werbung? Diskutiert in der Klasse (M 12, 13).

Methode

M 14 Pro-Kontra-Diskussion – sollen wir auf Werbung verzichten?

1. Befürworter
Er trägt Argumente für die Position vor, dass Werbung unverzichtbar, gut und sinnvoll ist.

2. Gegner
Er trägt Argumente für die Position vor, dass wir auf Werbung auch verzichten könnten.

3. Schiedsrichter
Er achtet auf die Einhaltung der Spielregeln.
Er notiert jeweils das überzeugendste Argument jeder Seite auf einem Kärtchen.
Er entscheidet, welcher der beiden Kontrahenten überzeugender argumentiert hat und begründet sein Urteil.

Vorbereitung: (ca. 10 Minuten)
Befürworter und Gegner sammeln Argumente für ihre Positionen.
Der Schiedsrichter notiert sich eigene Gedanken.

Ablauf: (ca. 10 Minuten)
Befürworter und Gegner tragen abwechselnd jeweils ein Argument vor und versuchen damit den Schiedsrichter zu überzeugen. Man kann dabei auch versuchen das Gegenargument zu entkräften oder neue Argumente vorzubringen.
Anschließend notiert der Schiedsrichter das überzeugendste Argument jeder Seite auf ein Kärtchen.

Urteil:
Der Schiedsrichter fällt schließlich sein Urteil: Wer war mit seinen Argumenten überzeugender? Die Kärtchen können gut sichtbar ausgehängt werden.

Anschließend wird eine **Streit-** oder **Positionslinie** gebildet. Dabei stellt man sich auf diejenige Seite der Linie, die der eigenen Meinung entspricht. Dadurch wir die Urteilsbildung der Klasse verdeutlicht:

Die Positionslinie

Methode

M 15 Werbung analysieren

Bei der Analyse sollten folgende Punkte beachtet werden:

- Welches Produkt wird beworben?
- Wie wird das Produkt präsentiert (Personen, Text, Farben, Aufmachung, Gestaltung)?
- Welche Zielgruppe soll das Bild ansprechen?
- Welche Bedürfnisse und Gefühle werden angesprochen?
- Welche Sprache wurde gewählt?
- Wie lautet die Werbebotschaft, die vermittelt werden soll?
- Spricht dich die Werbung an?

Tipp: Die Methode der Verfremdung ermöglicht es, sich (Text-)Inhalte und Bilder anders zu erschließen. Beim Verfremden erzählt man einen Text oder eine Geschichte anders oder zeichnet ein Bild um, sodass damit gegen die Erwartungen der Zuhörenden, Lesenden oder Betrachtenden bewusst verstoßen wird. Das führt zu überraschenden Ergebnissen. Probiert es einfach mal aus. Oder ihr gestaltet selbst ein Werbeplakat für ein Produkt eurer Wahl.

Fernseh- oder Kinospots, Anzeigen in Zeitschriften, Bannerwerbung im Internet – abgesehen vom Radio ist das Bild das wichtigste Mittel der Werbung.

Werbefaustformel AIDA
Werbung soll die Aufmerksamkeit des Kunden erregen (**a**ttention), sein Interesse an dem Produkt wecken (**i**nterest), zu einem Kaufwunsch führen (**d**esire) und schließlich eine Kaufhandlung auslösen (**a**ction).

Aufgaben

1. Sammelt Werbeanzeigen und bringt sie mit in den Unterricht.
2. Analysiert die Anzeigen mithilfe von M 15.

Politik/Wirtschaft 8d, Christin Stückrath: Schaubildkriterien 17.05.2018

Kriterien für ein gutes Schaubild

Inhalt	Darstellung	Gestaltung
Vollständigkeit (alle wesentlichen Informationen)	Gliederung (klar, Platzausnutzung)	Sauberkeit
Sachliche Richtigkeit	Zusammenhänge (visuelle Verdeutlichung)	Größenverhältnisse (ausreichende Schriftgröße)
Verständlichkeit (klare Darstellung)	Darstellungsmittel (angemessene Diagramme, usw.)	Farbgebung (gezieltes Einsetzen von Farben)
Rechtschreibung		

Wie wirkt Werbung?

M 16 Wie Kunden verführt werden – die geheime Macht der Sinne

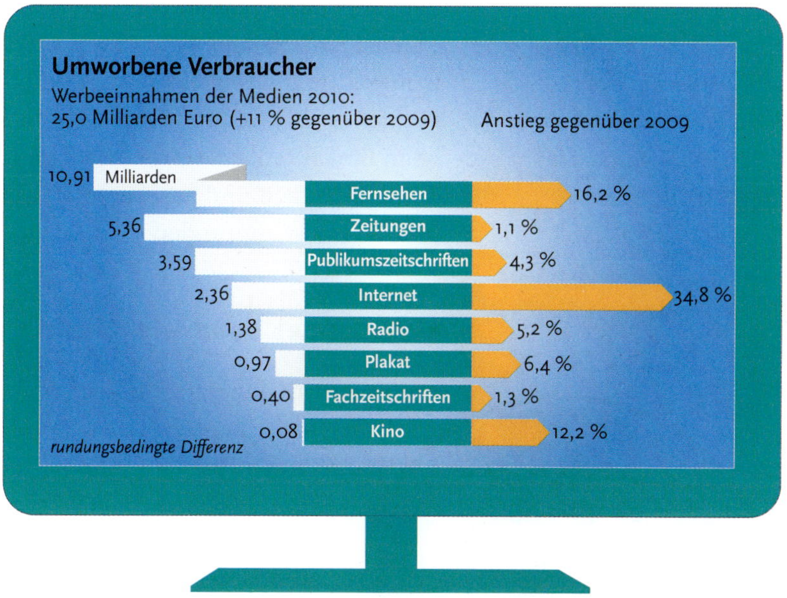

Quelle: Nielsen Media Research, Globus-Grafik 4016

Sehen, hören, riechen, fühlen - die Werbeindustrie rüstet zum Großangriff auf alle Sinne. Einer Studie zufolge hat jeder Deutsche ungefähr 3.000 Markenkontakte täglich, das heißt, er wird mit rund 3.000 Plakaten, Spammails, Fernsehspots oder Zeitungsanzeigen bombardiert. Logisch, dass die einzelnen Produkte in der Werbeflut untergehen. Deshalb will die Branche nun mit raffinierten Sinnesreizen die Aufmerksamkeit der Kunden lenken [...]. „Stellen Sie sich vor, Sie kommen abends an einem Schaufenster vorbei und interessieren sich für einige der Waren, die dort ausgestellt sind", sagt der Forschungsmanager von Philips, Ulrich Schiebel, während er auf das elegante Bekleidungsgeschäfts zuläuft. „Dann melden sich diese Waren, und das Fenster empfiehlt ihnen dazu passende andere Produkte." Kaum hat Schiebel die letzten Worte gesprochen, geht im Ladeninneren wie ein sanfter Spot an, der auf ein Paar schwarze Schuhe gerichtet ist. Der Trick: im Schaufenster des Ladens haben die Lichtingenieure unauffällig einige Kameras installiert, die die Blickrichtung des Passanten genau erfassen. [...] Und das Schaufenster kann noch mehr. Es kann zugleich Leinwand und Fenster sein, denn im Inneren des Ladens befinden sich mehrere Bildprojektoren, die Bilder der Kollektion auf die aufgeraute Scheibe projizieren. So entsteht ein Touchscreen, ein Bildschirm, der bei Berührung Daten anzeigt, ohne dass die Schaufensterfunktion verloren geht. „Mit dieser Technik kann sich der Kunde selbstständig durch das ganze Warensortiment klicken und sich auch abends oder sonntags über das Produktangebot informieren", erklärt Ulrich Schiebel. Ziel der Entwickler von Philips ist es, zu erkunden, wie man durch ein bestimmtes Beleuchtungsdesign und entsprechende technische Neuerungen die Aufmerksamkeit und das Konsumverhalten des Käufers beeinflussen kann. [...] Darauf zielen auch andere, die Sinne stimulierende Maßnahmen ab, wie Düfte oder die Berieselung mit Musik. „Düfte können die Fantasie inspirieren, Gefühle entfachen und bei richtigem Einsatz über das Wohlbehagen der Kunden entscheiden", sagt Andrea Gröppel-Klein, die Direktorin des

Marketing
So bezeichnet man alle Maßnahmen im Unternehmen, die dem erfolgreichen Absatz von Gütern dienen.

Als ein englischer Supermarkt in seiner Weinabteilung deutsche Volksmusik abspielte, kauften die Kunden zu zwei Dritteln deutsche Weine, hörten sie französische Chansons, wurden zu 80 Prozent französische Tropfen gekauft.

Instituts für Konsum- und Verhaltensforschung an der Universität des Saarlands. Allerdings muss man beim Dufteinsatz vorsichtig sein. „So muss der Duft zwar bemerkbar sein, aber er darf auf keinen Fall überdosiert werden", sagt Gröppel-Klein. Ähnlich verhält es sich mit der Musik. Sie soll beim Einkaufen von störenden Geräuschen ablenken und auch eine oft als bedrückend empfundene Stille vermeiden. Doch nicht alle Kunden haben den gleichen Musikgeschmack. Deswegen darf die Musik in großen Kaufhäusern und Supermärkten auch nie zu aufdringlich sein. „Sonst kann sie ganz schnell zum Stressfaktor für den Kunden werden", meint Andrea Gröppel-Klein.

Nach: Eckart Granitza, Stuttgarter Zeitung, 4.4.2008

M 17 James Bond – im Dienste der Werbung

Szene aus dem James-Bond-Film „Casino Royale". In vielen Filmen werden Produkte offen oder versteckt beworben. Diese Form der Werbung nennt man Schleichwerbung oder Product Placement.

Der Mann ist längst selbst ein Markenartikel: Bond, James Bond, seit mehr als 40 Jahren als Agent 007 im Dienste Ihrer Majestät. Im neuesten Abenteuer „Casino Royale" [...] macht der Geheimdienstler aber auch kräftig Werbung für andere. Mehr als ein Dutzend Firmen nutzten den ersten Auftritt des neuen Hauptdarstellers Daniel Craig, um ihre Produkte rund um den Globus noch ein wenig bekannter zu machen. Also rauscht Bond in einem Aston Martin DBS über die Straßen, telefoniert mit einem Sony Ericsson K800i und erledigt seine Gegner mit einer Waffe made in Germany, einer Walther-P99. Die Uhr stammt von Omega, die Smokings von der italienischen Edelmarke Brioni, und wenn sich der Agent gerade keinen Wodka Martini genehmigt, dann ist es erkennbar ein Heineken-Bier. Product Placement ist bei Bond längst nichts Neues mehr. Bereits die Macher des ersten Films „Dr. No" setzten Produkte bekannter Firmen ein. [...] Das bisherige Höchstmaß an Werbung wurde im vorigen Bond „Die Another Day" („Stirb an einem anderen Tag") erreicht. Die Produktionsfirma Eon und das Hollywood-Studio Sony Pictures sollen mit der gezielten Platzierung von Produkten, die Bond-Fans ins Auge fallen, eine dreistellige Millionensumme eingenommen haben. Genervte Kinobesucher tauften den Film wegen des vielen Kommerzes allerdings kurzerhand in „Buy Another Day" („Kauf an einem anderen Tag") um. Auch diesmal lässt sich die werbetreibende Wirtschaft die Chance nicht entgehen, den bekanntesten Geheimagenten der Welt und seine Vorliebe für schnelle Autos und technische Spielereien für ihre Zwecke zu nutzen. Beim Zentralverband der deutschen Werbewirtschaft heißt es allerdings, das Thema werde überschätzt. Sprecher Volker Nickel meint: „Kein Zuschauer wird ein Handy kaufen, nur weil James Bond damit telefoniert."

Birgit Heidsieck, focus.de, 26.11.2006

M 18 Einkaufsfalle Supermarkt

Ein Einkauf im Supermarkt - eigentlich eine nüchterne Angelegenheit. Einkaufszettel raus, Liste abhaken, bezahlen - fertig! Doch ganz so einfach ist es nicht. Heerscharen von Experten beschäftigen sich damit, dass gerade das nicht passiert. Sie wollen, dass wir kaufen - und zwar mehr als wir uns vorgenommen haben. Um dies zu erreichen, entwickeln die Experten ausgefeilte Verkaufsstrategien, nach denen Supermärkte eingerichtet werden. Schon vor dem Markt geht's los. Die Einkaufswagen sind meist sehr groß. Und das nicht, weil wir Einkäufer so viel Platz brauchen, sondern damit unsere Einkäufe im Wagen nach weniger aussehen. So bekommen wir das Gefühl, dass noch etwas fehlt und wir ja gar nicht viel kaufen. Doch das ist nicht der einzige Verkaufstrick.

Die Bremszone

Um möglichst viel Zeit im Supermarkt zu verbringen, brauchen Kunden nicht nur bequeme und große Einkaufswagen, sondern auch etwas, das sie abbremst. Diese Aufgabe sollen Obst und Gemüse am Eingang erledigen. Einerseits müssen Kunden dort häufig hin, weil Obst und Gemüse nur bedingt auf Vorrat gekauft werden kann. Andererseits braucht die Auswahl Zeit und verlangsamt so das Tempo des Einkäufers. Die leuchtenden Farben der Früchte und des Gemüses regen zudem den Speichelfluss der Kunden an. Mit Appetit kaufen sie mehr.

IM SUPERMARKT DER ZUKUNFT

Karikatur: Rürup

Die Musik

Musik dient dazu, sich zu entspannen. So soll es in einem Supermarkt nie ganz still sein, da er sonst leblos wirken könnte. Forscher haben herausgefunden, dass Lieder, die 72 Bassschläge pro Minute haben - entsprechend dem Puls eines entspannten Menschen - am wirksamsten sind.

Die Beleuchtung

Im richtigen Licht wirkt alles viel appetitlicher. Obst und Gemüse sehen nicht nur im Sprühnebel frischer aus, sondern auch durch das Licht, das in diesem Teil des Supermarktes eher warm ist. In einem anderen Teil, der Fleischabteilung, wird rotes Licht eingesetzt. So sehen selbst blasse Fleischstücke frisch und saftig aus.

Tipp
Unter www.wdr.de/tv/quarks/sendungsbeitraege/2008/0226/flash/einkaufen_flash.jsp findet sich eine Flash-Animation, die die Verkaufstricks im Supermarkt zeigt. Auch widmet sich die Sendung „pur+“ den Strategien im Supermarkt. Abzurufen unter www.tivi.de (Suche nach Stichwort „Supermarkt“).

Die Regale

Wissenschaftler gliedern die verschiedenen Ebenen von Regalen in vier Zonen auf. Produkte in Sichtzone (140 bis 180 Zentimeter) werden am meisten beachtet. Danach folgt die Greifzone (60 bis 140 Zentimeter). Am wenigsten werden Produkte in der Bückzone (bis 60 Zentimeter) und in der Reckzone (mehr als 180 Zentimeter) beachtet. Artikel, die immer wieder gebraucht werden, sind so häufig in der Bück- oder Reckzone zu finden. Das schadet ihnen nicht, denn sie werden sowieso gekauft. In der Greifzone werden Impulsartikel und Neuheiten angeboten. In der Sichtzone befinden sich wiederum die teuersten Artikel, weil sie am schnellsten gesehen und am bequemsten in den Einkaufswagen gelegt werden können.

Die Gangbreite

Sind die Gänge zu breit, können Kunden mit ihrem Einkaufswagen zu schnell durch den Laden gehen und werden kaum abgebremst. Sind die Gänge zu eng, können sich Kunden durch andere Kunden bedrängt und gestört fühlen. Eine Gangbreite von zwei Metern wird daher als ideal angesehen.

Sonderangebote

Oft ist der Gang durch den Markt mit Hindernissen versehen. So stehen Paletten im Weg, die dem Einkäufer vermitteln sollen, hier gebe es etwas nur für kurze Zeit, und er müsse schnell zugreifen. In einer Sonderzone vermutet man außerdem automatisch Sonderangebote. Und: Große Mengen wirken billig. Teilweise stehen die Waren auf leeren Kartons, um Fülle zu vermitteln. Kleine Warenmengen wirken exklusiv und daher auch teuer. Ein anderer Trick sind große Hinweisschilder. Auch wenn dort der normale Preis steht, signalisieren sie, er sei gesenkt worden.

Die Verpackung

Bei Großpackungen haben Kunden das Gefühl, den günstigsten Preis gefunden zu haben, da sie einen Mengenrabatt erwarten. Das ist oft der Fall, aber nicht immer. Einer Studie der Universität Hohenheim zufolge gibt es vor allem bei Süßwaren Preisaufschläge. Außerdem, so die Wissenschaftler, würden Großpackungen oft separat platziert, sodass ein direkter Preisvergleich erschwert sei.

Quengelware

Der Ort im Supermarkt, an dem Kunden zwangsläufig vorbei und häufig auch noch warten müssen, ist die Kasse. Rechts und links stehen Impulswaren – etwa Zeitschriften, Süßigkeiten, Alkohol, Zigaretten oder vermeintliche Angebote, die – einmal an der Kasse angekommen – überhaupt nicht mehr verglichen werden können. In der Bückzone ist die so genannte Quengelware (Schokolade, Kaugummis oder Bonbons) für Kinder platziert. Wer wartet, dem ist oft langweilig. Der fängt eben entweder an zu quengeln oder nimmt irgendetwas mit, von dem er vor einer Minute noch nicht wusste, dass er es braucht. Vielleicht auch, um nicht einfach nur Löcher in die Luft zu starren.

Nach: Katrin Blum, Stuttgarter Zeitung, 17.3.2008

M 19 Grundriss eines Supermarktes

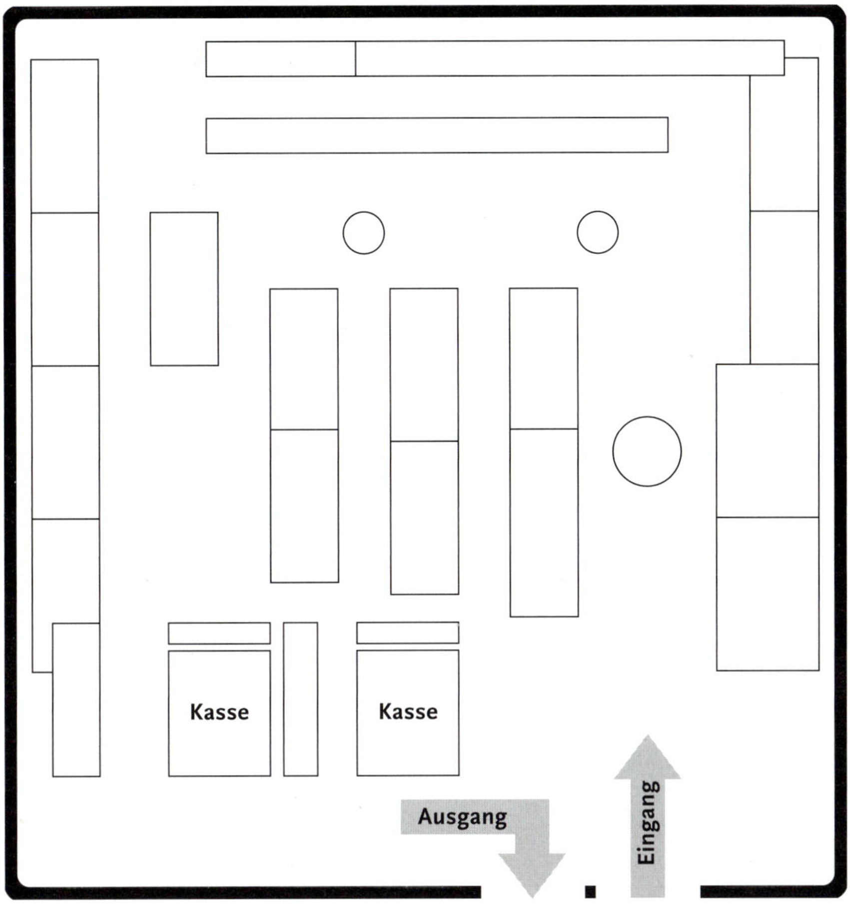

Käse

Frischfleisch

Obst

Milch

Süßigkeiten

Zahnstocher

Eis

Zucker

Spaghetti

Zeitungen und Zeitschriften

Tiefkühlkost

Gemüse

Toilettenpapier

Getränke

Aufgaben

1. Entwickelt in Gruppenarbeit Möglichkeiten, was wir als Konsumenten gegen die Verführungstricks der Marketingspezialisten tun können (M 16).
2. „Kein Zuschauer wird ein Handy kaufen, nur weil James Bond damit telefoniert" (M 17, Zeile 54 ff.). Nimm Stellung zu dieser Aussage und diskutiert in der Klasse darüber.
3. Wähle die drei deiner Meinung nach wirkungsvollsten Verkaufstricks, und begründe deine Entscheidung (M 18).
4. Du bist Filialleiter eines Supermarktes. Ordne die in der Randspalte verzeichneten Produkte so ein, dass sie sich möglichst gut verkaufen (M 19).
5. Erkundet einen Supermarkt und vergleicht eure Anordnung mit den Verkaufsstrategien, die dort angewendet werden.
6. Worauf sollte ein(e) kritische(r) Verbraucher(in) im Supermarkt achten? Entwickle begründete Ratschläge und gewichte diese von sehr wichtig bis weniger wichtig.

Umweltschutz – ein wichtiger Aspekt der Kaufentscheidung?

M 20 Wenn viele Menschen …

„Wir wissen, dass der weiße Mann unsere Art nicht versteht. Er behandelt seine Mutter, die Erde, und seinen Bruder, den Himmel, wie Dinge zum Kaufen und Plündern, zum Verkaufen wie Schafe oder glänzende Perlen. Sein Hunger wird die Erde verschlingen und nichts zurücklassen als eine Wüste."
(Häuptling Seattle[1])

„Die Navajo-Indianer kamen mit 263 Gegenständen in ihrem Leben aus; wir haben heute 10.000 in unseren Haushalten, 100.000 im Warenangebot und dieses Angebot nimmt ständig zu."
(Alan During)

„Es ist genug da zur Befriedigung jedermanns Bedürfnisse, nicht jedoch zur Befriedigung jedermanns Gier."
(Mahatma Gandhi)

„Viele kleine Leute an vielen kleinen Orten, die viele kleine Schritte tun, können das Gesicht der Welt verändern."
(Afrikanisches Sprichwort)

[1] Adaption einer Rede, die Häuptling Seattle 1855 an den Präsidenten der Vereinigten Staaten gerichtet haben soll. Der Text ist eine freie Bearbeitung eines Redetextes, der erstmalig publiziert wurde im „Seattle Sunday Star" 1887 und später auch in der „Washington Historical Quaterly" erschienen ist. Die deutschen Rechte liegen bei der Dedo Weigert Film GmbH, München.

M 21 Weltreise einer Jeans

Um gute Gebrauchs-, Trage- und Pflegeeigenschaften zu erreichen, sind für eine Jeans viele Bearbeitungsschritte nötig. Die Baumwolle für die Herstellung einer Jeans wird in Kasachstan von Hand oder mit der Maschine geerntet. Anschließend wird die Baumwolle nach China versandt und dort mit schweizer Maschinen gesponnen, auf den Philippinen wird die Baumwolle mit blauem Farbstoff aus Deutschland gefärbt. In Polen wird sie mit deutschen Maschinen verwebt. Anschließend wird der Stoff nach Marseille transportiert, Washinglabel und Innenfutter stammen aus Frankreich, Knöpfe und Nieten aus Italien. Alle Zutaten werden nun erneut auf die Philippinen geflogen und dort zusammengenäht. Schnittmuster und Design stammen aus Deutschland. In Griechenland erfolgt noch die abschließende Bearbeitung der Jeans mit Bimssteinen, um ihr das typische Aussehen zu geben. Die fertige Jeans wird nach Deutschland transportiert und dort verkauft. Wenn sie nicht mehr getragen wird, kommt sie oft in die Altkleidersammlung. In Betrieben in den Niederlanden werden die Kleidungsstücke sortiert. Die Secondhand-Jeans wird nun eventuell auf dem afrikanischen Kontinent wieder verkauft und erneut getragen.

Dieter Simon, Eine Welt in der Schule, Heft 3/ September 2001, S. 3

M 22 Belastungen durch die Produktionskette

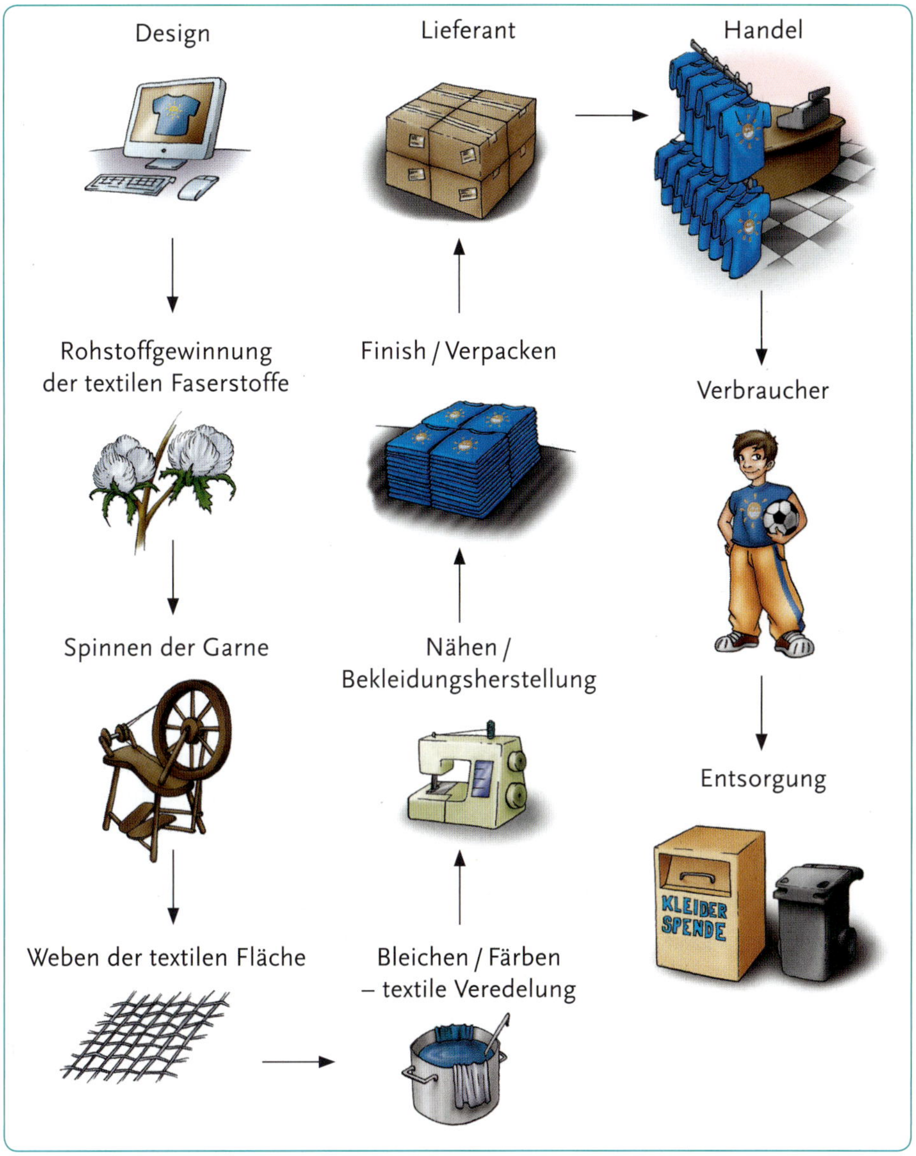

Nach: http://www.fair-zieht-an.de/wp-content/uploads/textile_kette_MARA.png (6.3.2011)

Primärproduktion, Baumwolle: hoher Landschaftsverbrauch durch Baumwollanbau, hoher Einsatz von Insektiziden, Herbiziden und Entlaubungsmitteln, Einsatz von Konservierungsstoffen bei Transport und Lagerung von Baumwolle, hoher Wasserbedarf mit ökologisch negativen Folgen, Düngemitteleinsatz (Nitrifizierung des Bodens)

Produktion von Fasern, Garnen, Flächengebilden: Energiebedarf beim Spinnen und Weben, Einsatz von Hilfsmitteln, die bei nachfolgenden Verarbeitungsschritten zu Emissionen führen, Staub- und Lärmbelästigungen, textile Abfälle

Veredelung: Einsatz großer Mengen an Textilhilfs- und Ausrüstungmaterialien, Emissionen in die Umweltkompartimente Wasser und Luft, hoher Energieverbrauch, hoher Wasserbedarf, Klärschlammanfall

Gebrauch: mögliche schädliche Wirkungen der Textilchemikalien auf den Verbraucher, Einsatz von Wasch- und Reinigungsmitteln, Verteilung ökologisch relevanter Stoffe durch Auswaschung (diffuser Eintrag in das Abwasser), Einsatz ökotoxischer Stoffe bei der chemischen Reinigung, hoher Energieeinsatz für die Jeanspflege (Waschen, Trocknen, Bügeln)

Entsorgung: Beanspruchung von Deponieraum, Emissionen bei Müllverbrennung und Deponie

Aufgaben

1. Verteilt vier Plakate mit jeweils einem Zitat im Klassenraum. Wählt ein Zitat aus, welches euch gefällt, und charakterisiert, was die Zitate mit dem Thema Konsum zu tun haben (M 20).
2. Fasse die Umweltbelastungen bei der Herstellung einer Jeans zusammen (M 21, M 22).
3. Entwickelt Möglichkeiten der Verringerung von Umweltbelastungen bei der Jeansproduktion und beurteilt gemeinsam deren Eignung (M 22).

Wie teuer ist billig?

M 23 Geiz ist geil, oder?

Die Textilkette Kik boomt auch in der Krise – mit konkurrenzlos niedrigen Preisen. Doch die Zeche zahlen junge Näherinnen in Bangladesch, unterbezahlte Beschäftigte und oft auch die Kunden.

Näherinnen in einer südostasiatischen Textilfabrik

Vor 15 Jahren gründete Stefan Heinig den Textildiscounter Kik. Seither arbeitet der ehemalige Handelsassistent daran, die Preise zu drücken. Er verkauft den Deutschen die billigsten Klamotten, die es gibt. Heißt es. Jeans kosten bei Kik mitunter nur 2,99 Euro. Mithilfe der „Bild"-Zeitung deckte Heinig die Nation im Frühjahr mit „Volks-T-Shirts" ein, für 1,99 Euro. Hauptsache billig – mit dieser simplen Idee hat Heinig ein Geschäftsimperium aufgebaut, das trotz Krise immer weiter wächst. Selbst auf Sylt finden sich zwei Geschäfte der Billigkette, 2.800 Filialen in sechs Ländern gibt es mittlerweile, und es werden immer mehr. Der Umsatz des Unternehmens, das zum Tengelmann-Konzern gehört, lag im abgelaufenen Geschäftsjahr bei 1,1 Milliarden Euro.

Doch der Erfolg beruht auf einer Täuschung. Genau genommen sind Kiks Preise nicht billig – sie kommen Mitarbeiter, Zulieferer und oft auch Kunden teuer zu stehen. Den höchsten Preis für den hiesigen Geiz zahlen die Näherinnen in den Fabriken in Bangladesch. Fast die Hälfte der Waren stammt von dort. Es sind Mädchen wie Sathi Akhter, die für Heinigs vermeintliche „Volks"-Preise sorgen. Sathi Akhter ist 16 Jahre alt. Sie arbeitete in einer Kik-Zulieferfabrik in der Hauptstadt Dhaka, 10, 12, manchmal 16 Stunden pro Tag – für umgerechnet 25 Euro im Monat. Mit ihren Eltern und ihrem Bruder teilt sie sich einen knapp sechs Quadratmeter großen Verschlag als Wohnung. Frisches Wasser, erzählt Sathi Akhter, gebe es in der Fabrik nicht, oft nicht mal Spülwasser in den dreckigen Toiletten. Zusammen mit zwei Kolleginnen berichtet sie vom Fabrikmanager, der „regelmäßig zuschlage", zu spät bezahle und Überstunden oft gar nicht vergüte. Und davon, dass in der Fabrik Kinder unter 14 Jahren beschäftigt würden, was auch in Bangladesch verboten ist. Und dennoch: Selbst für solche Jobs findet sich immer irgendwer in diesem Land, in dem 156 Millionen Menschen leben und 35 Millionen hungern.

Nils Klawitter, Spiegel online, 26.9.2009

M 24 Was kann ein Einzelner tun?

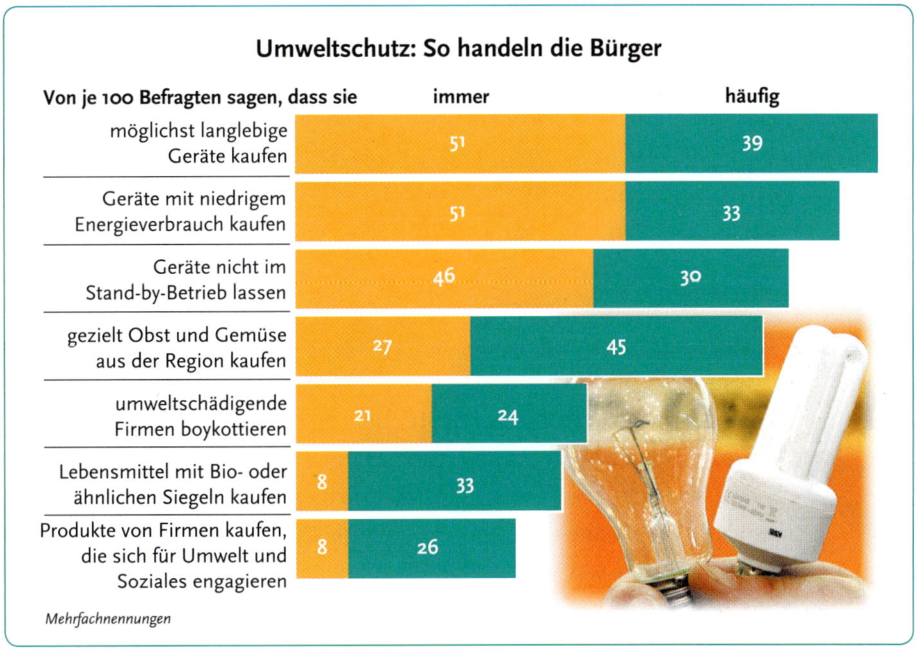

Quelle: BMU, Globus-Grafik 1307, Stand 2006

M 25 Nachhaltige Kaufentscheidungen

Allgemein bedeutet Nachhaltigkeit, die Bedürfnisse der Gegenwart so zu befriedigen, dass die Möglichkeiten künftiger Generationen, ihre Bedürfnisse zu befriedigen, nicht beschränkt werden. So wenigstens im Verständnis der Konferenz von Rio de Janeiro 1992. Wichtig ist hier vor allem, die Auswirkungen heutigen Handelns auf die Zukunft stärker zu berücksichtigen. Folgende Leitsätze können dazu beitragen:

- Die Nutzung einer erneuerbaren Ressource darf nicht größer sein als ihre Regenerationsrate.
- Die Freisetzung von Stoffen darf nicht größer sein als die Aufnahmefähigkeit der Umwelt.
- Die Nutzung nicht erneuerbarer Ressourcen muss minimiert werden. Ihre Nutzung soll nur in dem Maße geschehen, indem ein physisch und funktionell gleichwertiger Ersatz in Form erneuerbarer Ressourcen geschaffen wird.
- Das Zeitmaß der menschlichen Eingriffe muss in einem ausgewogenen Verhältnis zum Zeitmaß der natürlichen Prozesse stehen, sei es der Abbauprozesse von Abfällen, der Regenerationsrate von erneuerbaren Rohstoffen oder Ökosystemen.

Erklärfilm „Nachhaltigkeit“

Mediencode: 8847-02

Aufgaben

1. Erläutere, warum billig manchmal teuer sein kann (M 23).
2. Entwickelt in Gruppen einen Einkaufsratgeber für nachhaltigen Konsum. Stellt dann in der Klasse Produkte vor, die euren Kriterien entsprechen (M 24, M 25).

Kann Fair Trade den Handel gerechter machen?

M 26 Bericht eines 14-jährigen Jungen aus Mali

„Wir schliefen auf dem Boden einer Hütte aus Schlamm und Stroh. Wir durften sie nur zur Arbeit in den Feldern verlassen. Die Arbeitszeiten waren sehr hart, von Sonnenaufgang bis Sonnenuntergang, und manchmal, wenn Vollmond war, sogar bis zehn Uhr abends. Uns wurde Lohn versprochen, aber sie sagten, dass wir erst die Kosten der Reise zurückzahlen müssten. Ich habe mich dort zwei Jahre lang abgerackert, ohne jemals Geld zu bekommen. Kinder, die sich weigerten zu arbeiten, wurden mit dem Motorgurt des Traktors geschlagen oder mit Zigaretten verbrannt. Wir bekamen kaum etwas zu essen: mittags zwei Bananen, die wir aßen, ohne die Arbeit zu unterbrechen, und eine Maismehlsuppe am Abend. Einige Kinder sind vor Erschöpfung zusammengebrochen. Diejenigen, die krank wurden, wurden fortgeschafft. Wir haben sie nie wieder gesehen."

Nach: www.aktiv-gegen-kinderarbeit.de (2.1.2014)

M 27 Kakaoanbau und Umwelt

Kakao war ursprünglich im Amazonasgebiet beheimatet, wird heute jedoch in tropischen Gebieten angebaut. Für den Anbau von Kakaobaumplantagen wird viel tropischer Regenwald abgeholzt, um große und damit gewinnbringende Plantagen zu schaffen. Die großflächigen Kakao-Monokulturen tragen in den ersten Jahren tatsächlich mehr Blüten und auch mehr Früchte. Nach einigen Jahren sind die Bäume aber vom Stress der ungeeigneten Umweltbedingungen geschwächt und werden sehr anfällig für Insektenbefall. Es bedarf großer Aufwendungen an Wasser, Düngemitteln und Pestiziden, um sie einigermaßen ertragreich zu halten. Die Verwendung von Pestiziden bringt Verseuchungen von Boden und Grundwasser mit sich. Zudem werden durch übermäßiges Spritzen die Schädlinge schnell resistent, und die Pestizide verlieren ihre Wirkung.

Pestizid
Gift zur Bekämpfung von Pflanzenschädlingen

M 28 Die dunklen Seiten der Schokolade

Noch immer arbeiten bei der Kakaoernte Kinder unter schlimmen Bedingungen, teils sogar als Sklaven. Für das Gütesiegel Fairtrade wollen nur wenige Verbraucher mehr zahlen.

Der Schokorebell präsentiert sich mit Filzhut und Kakaobohnen, er kommt aus dem steirischen Riegersburg und heißt Josef Zotter. Auf seiner Homepage wirbt der 51-Jährige, europaweit einziger Schokoladenhersteller zu sein, der ‚Schokolade von der Bohne weg ausschließlich in Bio- und Fair-Qualität' produziert – ein Verkaufsargument.

[...] Eine 70-Gramm-Tafel kostet mehr als drei Euro. Auch der ‚faire' Tarif für die karibischen, südamerikanischen und westafrikanischen Kakaobauern trägt (zum hohen Preis) bei. Die Großen der Branche, in der immenser Preisdruck herrscht, schrecken deshalb vor einem breiten Einsatz fair gehandelter Rohstoffe zurück. Bei einem Pro-Kopf-Konsum von gut zehn Kilo Schokolade jährlich fällt jeder Cent ins Gewicht. ‚Der Verbraucher schaut mehr auf den Geldbeutel als aufs Zertifikat', glaubt Rüdiger Funke vom Bundesverband der Deutschen Süßwarenindustrie.

Schokolade wird zwar nicht nur aus Kakao gemacht, aber Kinderarbeit auf den oft von Familien betriebenen Kakaoplantagen ist seit Jahren ein bestimmendes Thema für Politik und Industrie. [...]

Ist Fair-Trade-Kakao die Lösung? Auch der sei nicht mit letzter Gewissheit ohne missbräuchliche Kinderarbeit hergestellt, gibt Rüdiger Funke vom Süßwarenverband zu. Immerhin garantiert fair gehandelter Kakao den Familien ein Einkommen über dem Marktpreis; zudem sind damit Kontrollen verbunden. Letztlich hängt vieles am Verbraucher, und der spricht eine deutliche Sprache: Der Marktanteil von Schokoprodukten aus fair gehandeltem Kakao liegt unter einem Prozent. Wenige Hersteller wie Mars und Rewe haben sich dennoch verpflichtet, mittelfristig nur noch zertifizierten Kakao zu verwenden; Lindt hat ein eigenes Prüfsystem eingerichtet.

Gemessen am Gesamtmarkt sind das Tropfen auf den heißen Stein. Was also tun? Die Industrie verweist auf lokale Projekte und die 2011 angestoßene Entwicklung eines europäischen Siegels für nachhaltig angebauten Kakao. Transfair, das neben anderen Kakaoproduzenten zertifiziert, beklagt derweil, dass mehr Fair-Trade-Kakao hergestellt als nachgefragt wird.

Jan Georg Plavec, Stuttgarter Zeitung, 3.11.2012

Fair Trade und Fairtrade

- **fairer** Handel (mit kleinem f) bezeichnet ein generell gerechtes Verhalten beim lokalen bis internationalen Warenaustausch.
- **Fair Trade**: Fairer Handel (mit großem F) umfasst die gesamte Fairhandelsbewegung – also auch Organisationen und Unternehmen, die mit oder ohne Siegel die wichtigsten Kriterien des Fairen Handels erfüllen, wie sie etwa die World Fair Trade Organization (WFTO) oder der Dachverband Fairtrade International (FLO) definiert hat.
- **Fairtrade** (ein Wort) steht für das gleichnamige blau-grüne Produktsiegel, das viele, aber nicht alle seriösen fairen Produkte tragen. In Deutschland vergibt die Organisation Transfair das Fairtrade-Siegel. Die Standards hierfür definiert Fairtrade International (FLO), der Dachverband aller nationalen Fairtrade-Siegelorganisationen.

M 29 Fairer Handel

Eine Möglichkeit, die Kinderarbeit nicht zu unterstützen, ist der Kauf von Schokolade aus fairem Handel. Die Prinzipien des fairen Handels sichern den Bauern einen Mindestpreis für ihren Kakao zu. Es werden Abnahmegarantien über mehrere Jahre gegeben, sodass die Bauern über längere Zeit Planungssicherheit haben. Kinderarbeit ist nach den Regeln des fairen Handels nicht gestattet. Dies wird von den europäischen Organisationen für fairen Handel auch überwacht. Sogenannte Gütesiegel oder Labels machen Produkte aus Fairem Handel für die Verbraucher als solche erkennbar, Gütesiegel für Fairen Handel ist das international normierte Fair-Trade-Siegel, nationale Siegelinitiative in Deutschland ist Transfair. Der Preis für eine Tafel TransFair-Schokolade übersteigt den der konventionellen Schokolade um das 2- bis 3-fache.

M 30 Vertrauen der Kunden

Anerkennung für Nachhaltigkeit – Das hohe Vertrauen der Kunden zeigt sich auch in anderen Studien immer wieder bestätigt. Beim aktuellen „Ethical Brand Monitor" – einer Umfrage zum Thema Nachhaltigkeit unter 6.400 Verbrauchern – wurde das Faitrade-Siegel als Organisation mit den „besten Unternehmensgrundsätzen" und der höchsten „ökonomischen Verantwortung" bewertet.

http://forum-fairer-handel.de/webelement/filepool/site/Presse/Factsheet%20Fairer%20Handel%202010.pdf (15.1.2012)

M 31 Hilft Fairtrade wirklich?

Wer heute etwas für sein Gewissen tun will, kann in jedem Café einen „fair trade"-Latte macchiato bestellen, dessen Bohnen garantiert nicht von Kinderhänden geerntet wurden. [...] Doch kann der „richtige Konsum" tatsächlich Kinderarbeit verhindern? Steigert er das kindliche Wohl? Hilft er, Ausbeutung durch Ausbildung zu ersetzen?

Zusammen mit dem Ökonomen Fabrizio Zilibotti von der Universität Zürich bin ich zu einer beunruhigenden Antwort gekommen: Boykotte westlicher Konsumenten oder „fair trade"-Zertifizierungen sind nicht nur unwirksam gegen Kinderarbeit – sie erschweren sogar deren Überwindung. Um das zu verstehen, muss man die Situation im Detail betrachten: Die Familien arbeitender Kinder sind meist extrem arm. Damit wenigstens ein oder zwei Geschwister zur Schule gehen können, müssen die anderen Geld verdienen. Werden die aber aufgrund von internationalem Druck aus einem exportabhängigen Unternehmen entlassen, verliert ihre Familie eine wichtige Einkommensquelle – und ist womöglich noch stärker als zuvor auf den Zuverdienst der Kinder angewiesen. Diese weichen dann lediglich auf andere Tätigkeiten aus, meist im informellen Sektor der Landwirtschaft, wo Löhne und Arbeitsbedingungen häufig noch schlechter sind. Es könnte also genau das Gegenteil des durch die Sanktionen Erhofften eintreten: mehr Kinderarbeit, weniger Schulbildung.

[...] Es überrascht daher nicht, dass in

vielen Entwicklungsländern effektive Maßnahmen gegen Kinderarbeit unpopulär sind, und zwar nicht nur unter Industriellen, sondern auch in den armen Bevölkerungsschichten, die auf die Einkommen ihrer Kinder angewiesen sind. Gerade in Ländern, in denen es keine Gesetze gegen Kinderarbeit gibt, haben Familien oft sehr viel Nachwuchs, um ihr Einkommen zu maximieren. Entsprechend gering ist ihr Interesse an schärferen Gesetzen. Die Konsequenz ist, dass Kinderarbeit trotz zahlreicher Bemühungen sie einzudämmen, immer noch weit verbreitet ist. [...] Von den Gefahren für ihr Leben und ihre Gesundheit ganz abgesehen, werden sie ihrer Bildungschancen beraubt. Das kann dazu führen, dass sich die Armut über Generationen hinweg fortpflanzt. Boykottaktionen seitens der Industriestaaten können also sogar die Überwindung der Kinderarbeit hinauszögern. Das heißt jedoch nicht, dass gar nichts unternommen werden kann. Ein Beispiel für eine erfolgreiche Maßnahme ist das staatliche PROGRESA-Programm in Mexiko: 1998 beschloss die damalige Regierung, nicht länger den Preis von Tortillas zu subventionieren – und damit indirekt auch reiche Familien –, sondern arme Haushalte direkt finanziell zu unterstützen. Der entscheidende Punkt: Geld bekommt nur, wer seine Kinder zur Schule statt zur Feldarbeit schickt. Zahlreiche wissenschaftliche Studien belegen den Erfolg dieses direkten wirtschaftlichen Anreizes: In Regionen, in denen das Programm eingeführt wurde, ist die Kinderarbeit deutlich rückläufig, und mehr Kinder – insbesondere ältere – besuchen die Schule. [...] Es gibt also keinen Grund, in Pessimismus zu verfallen und Kinderarbeit als unabänderliche Tatsache hinzunehmen. [...] Doch die Maßnahmen sollten an den wirtschaftlichen Ursachen ansetzen und reformorientierte politische Kräfte stärken, anstatt Erfolge durch ein verändertes Kaufverhalten zu erwarten.

Matthias Döpke, GEO Magazin 07/10

M 32 „Öko-Test" enttarnt Fairtrade-Lüge

Allein auf den 34 von „Öko-Test" untersuchten Kaffeesorten finden sich 14 verschiedene Label. Doch nur 18 Sorten erfüllen die grundlegenden Anforderungen an fairen Handel. Insgesamt hat „Öko-Test" [...] 72 Importprodukte wie Kaffee, Wein und Bananen sowie sieben „faire" Milchsorten aus Deutschland unter die Lupe genommen. Nur 44 bekamen das Gesamturteil „fair". Das größte Problem ist, dass es derzeit unterschiedliche Standards und Zertifizierungssysteme gibt, die die Fairness belegen sollen. Gemeinsame Mindestanforderungen für faire Auslobungen wurden aber noch nicht entwickelt.

www.feelgreen.de, Öko-Test, 27.7.2012

Aufgaben

1. Beschreibe, welche Hilfen und Maßnahmen für Kakaoproduzenten ergriffen werden müssen, um einen fairen Handel zu gewährleisten (M 28, M 30).

2. „Fairer Handel verbessert nicht die Welt – im Gegenteil. Er gaukelt dem Verbraucher eine Macht vor, die er nicht hat und beruhigt höchstens sein schlechtes Gewissen." – Erörtere diese These.

Was wir wissen

Die Kaufentscheidung
M 1

Preise
M 4 – M 6

In die Entscheidung für den Kauf eines bestimmten Produkts fließen unterschiedliche Aspekte ein. Der Preis hat häufig den größten Einfluss auf die Kaufentscheidung. Wer etwas benötigt, will dafür möglichst wenig bezahlen. Ist aber die nachgefragte Menge größer als die angebotene, so steigt der Preis. Ist die angebotene Menge größer als die nachgefragte, dann sinkt der Preis. Der Gleichgewichtspreis ist der Preis, zu dem der größte Güterumsatz erfolgt. Entscheidend für die Preisbildung sind außerdem für den Produzenten die Produktionskosten und für den Konsumenten das Einkommen, über das er verfügt.

Marken
M 7, M 8

Die Orientierung an Marken, die bei Jugendlichen ausgeprägt ist, wird vor allem durch die Anerkennung und das Ansehen in der Gruppe bestimmt. Markenprodukte sind somit auch Statussymbole. Die Nutzung der Güter zu ihrem Gebrauch tritt in den Hintergrund zu Gunsten des Nutzens, welcher z. B. aus der Anerkennung in der Gruppe gewonnen wird.

Werbung
M 10 – M 13

Werbung ist fester Bestandteil unseres täglichen Lebens. Ziel jeder Werbung ist, wie der Name schon sagt, für ein Produkt zu werben, sodass es vom Kunden gekauft wird und Umsatz und Ertrag der Unternehmen steigen. Werbung informiert deshalb über die Eigenschaften des beworbenen Produkts und verschafft dem Konsumenten so einen Überblick über die angebotenen Güter. Zu beachten gilt jedoch, dass über ausgefeilte Strategien häufig „künstliche“ Bedürfnisse erzeugt, Preise verschleiert und die Nachteile eines Produktes verheimlicht werden. Der Konsument bezahlt die Werbung letztlich über höhere Produktpreise.

Ökologie und Umweltschutz
M 22, M 24

Jegliche Produktion und damit jeglicher Konsum haben Auswirkungen auf die Umwelt. So wurde ermittelt, dass eine Jeans auf ihrem Weg bis zum Verkauf Tausende von Kilometern zurücklegt. Dies hat einen immensen Ressourcenverbrauch zur Folge. Für die Produktion werden außerdem viele umweltschädliche Chemikalien verwendet. Diese durch Transport und Produktion bedingten Umweltbelastungen werden auch als „ökologischer Rucksack“ eines Produktes bezeichnet.

Nachhaltigkeit
M 25

Was kann der Konsument zum nachhaltigen Wirtschaften beitragen? Die Konsumenten können durch ihren Kauf oder Nichtkauf letztlich darüber entscheiden, was produziert wird. Entschließen sie sich zum Kauf ökologisch vertretbarer Produkte, werden auch solche produziert (Kauf als „Stimmabgabe“). In der Realität haben jedoch häufig andere Kaufkriterien (Preis, Prestige) Vorrang. Darüber hinaus ist es auch für den ökologisch aufgeklärten Konsumenten oft schwierig, genügend zuverlässige Informationen über die Umweltverträglichkeit von Produkten zu erhalten.

Was wir können

Fair Trade
M 28 – M 32

Mit Fair Trade wird ein kontrollierter Handel bezeichnet, bei dem den Erzeugern für die gehandelten Produkte mindestens ein von Fair Trade-Organisationen festgelegter Mindestpreis bezahlt wird. Damit soll den Produzenten ein höheres und verlässlicheres Einkommen als im herkömmlichen Handel ermöglicht werden.

Simulation einer Kaufhandlung

Bei einer bewussten und überlegten Kaufentscheidung sind viele Kriterien zu beachten. Mithilfe einer Tabelle (Entscheidungsmatrix) können die Motive für die Wahl eines bestimmten Produkts besser verdeutlicht werden. Dazu müssen zunächst die für die Entscheidung bedeutsamen Kriterien ausgewählt werden (z. B. Preis, Qualität, Umweltverträglichkeit, ...). Für jedes Produkt sind allerdings andere Kriterien wichtig. Für jede Alternative (Produkt A, Produkt B, Produkt C, ...) gibt es eine Spalte in der Tabelle. In die Spalte einer Alternative wird bei jeder Merkmalsausprägung die Bewertung mit Punkten (von 1-5) eingetragen, wobei 1 die schlechteste, 5 die beste Bewertung ist. Anschließend werden die Bewertungen der Kriterien jeder Alternative addiert. Am besten schneidet die Alternative mit der höchsten Summe der Bewertungen ab. Zur Vertiefung: Die einzelnen Kriterien können zusätzlich gewichtet werden. Dabei werden jedem Kriterium Prozentzahlen (z. B. Preis = 30 %) zugewiesen und mit den Bewertungen multipliziert. Die Summe der Gewichtungen muss 100 % betragen.

Beispiel für eine einfache Matrix:

	MP3-Player A	MP3-Player B	MP3-Player C
Preis	5	3	3
Display	5	4	2
Design/Marke	4	3	5
Speicher	3	5	1
Akkulaufzeit	3	2	2
Summe	20	17	13

Beispiel für eine Gewichtung:
Sarah hat viel Geld und viele Lieder. Sie gewichtet ihre Kriterien so: Preis 10 %, Display 10 %, Design 20 %, Speicher 40 %, Akku 20 %. Für sie wäre mit 370 Punkten Player B die Wahl.

Aufgabe
Erstellt in Gruppen für ein Produkt eurer Wahl eine Entscheidungsmatrix. Begründet eure Auswahl an Kriterien und die Vergabe der Bewertungen. Stellt eure Entscheidung in der Klasse vor.

2.4 Rechtliche Rahmenbedingungen für den Konsum Jugendlicher

Welchen Schutz braucht der Konsument?

M 1 Wie schützt das Recht den Konsumenten?

Sarah (14)
Der Kunde bestimmt, was, in welcher Qualität, zu welchem Preis von wem angeboten wird – der Kunde lenkt somit die Produktion. Der Kauf ist gleichsam eine Stimmabgabe für das beste Produkt. Der Kunde ist eigenständig, vernünftig und hat einen guten Überblick über den Markt.

Markus (13)
Die kaum zu überschauende Warenvielfalt, die technologisch immer anspruchsvolleren Produkte und unterschiedliche Qualitäten erschweren eine vernünftige (rationale) Kaufentscheidung des Verbrauchers. Werbespezialisten arbeiten mit undurchschaubare Tricks, um den Verbraucher zum Kauf zu verführen. Der einzelne Verbraucher ist zu schwach, um Einfluss auf die Hersteller und deren Produkte auszuüben.

M 2 Laptopkauf mit Hindernissen

Die 18-jährige Maria hat im PC-Fachgeschäft „Xenia" ein Notebook gekauft. Allerdings hat sie wenig Freude daran: Selbst bei der Verwendung gängiger Programme stürzt das Notebook immer wieder ab. Sie bringt es daher zu „Xenia" zurück. „Dieses Notebook habe ich vorigen Monat als Sonderangebot bei Ihnen gekauft – und jetzt funktioniert es bereits nicht mehr!", wendet sich Maria an den Händler, Herrn Peze. „Nanu – was fehlt denn?", hakt Peze in überraschtem Ton nach. „Immer, wenn ich eine CD einlegen will, stürzt der Rechner ab und es geht nichts mehr". Herr Peze erinnert sich: Das Laptop stammte aus einer Lieferung, bei der es Probleme mit den Laufwerken gab. Mit einem listigen Lächeln bietet Herr Peze Maria an: „Ich werde es gerne für Sie einschicken – das dauert allerdings zwei Wochen und die Reparatur kostet Sie ca. 40 €!" Maria reißt jetzt langsam der Geduldsfaden. „Wie bitte? – Ich will ein neues

Gerät von Ihnen und zwar schnell." „Aber junge Frau, nun übertreiben Sie doch nicht gleich", erwidert Peze in herablassendem Ton, „wir können doch auch nichts für solche Fehler! Und wie Sie wissen, war das ein sehr günstiges Gerät, da müssen Sie schon mit kleineren Problemen rechnen. Vielleicht haben ja auch Sie den Fehler verursacht. Sie nutzen das Gerät ja nun schon einige Wochen! Übrigens sehen unsere Vertragsbedingungen ausdrücklich vor, dass bei Sonderangeboten keine volle Gewährleistung übernommen werden kann. Wir könnten Ihnen aber sicher beim Preis für die Reparatur ein wenig entgegenkommen ..."

M 3 Vertragstypische Pflichten beim Kaufvertrag

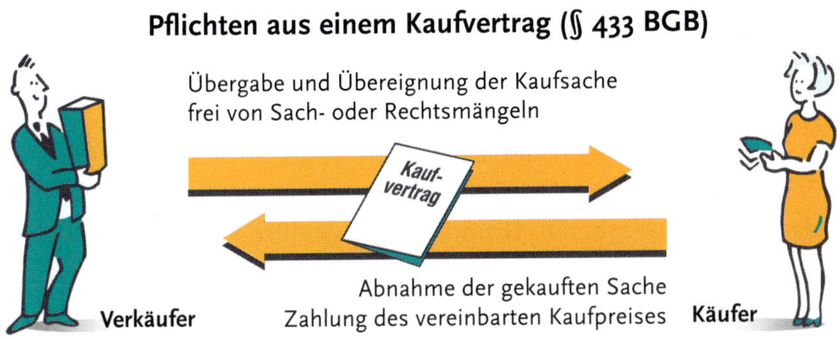

Bürgerliches Gesetzbuch
Es enthält die wichtigsten Regelungen, die das Zusammenleben der Bürger betreffen, z. B. zum Kaufvertrag, Familienrecht, Erbrecht.

M 4 Wie ist geregelt, wenn die Kaufsache einen Mangel hat?

Nach § 437 BGB kann der Käufer bei Mängeln vom Verkäufer verlangen:

- Nacherfüllung innerhalb angemessener Frist:
  - Beseitigung des Mangels durch Reparatur (Nachbesserung)
  - oder Lieferung einer mangelfreien Ware (Ersatzlieferung)
- Wird die Nacherfüllung verweigert oder schlägt sie fehl:
  - Rücktritt vom Vertrag (Rückgabe der Sache, Erstattung des Kaufpreises) oder
  - Minderung des Kaufpreises (Mangel nicht schwerwiegend)
- Schadensersatz (wenn z. B. durch die mangelhafte Sache ein Schaden entstanden ist)

§ 438 BGB regelt die Verjährungsfristen für den Verbrauchsgüterkauf. Danach gilt eine Frist von 2 Jahren, innerhalb derer die Ansprüche geltend gemacht werden müssen. Allerdings ändert sich nach 6 Monaten die Beweislast (§ 476 BGB). Ab diesem Zeitpunkt muss der Käufer nachweisen, dass die Sache bereits bei der Übergabe einen Mangel hatte.

Sachmangel
Ein Sachmangel liegt vor, wenn eine Sache bei Übergabe nicht die vertraglich vereinbarte oder übliche Beschaffenheit hat oder sich nicht für die vertraglich vorausgesetzte oder gewöhnliche Verwendung eignet.

M 5 Hannah und das neue Kleid

Hannah hat sich ein neues Kleid gekauft. Stolz zeigt sie es ihrer besten Freundin. Nach einer abfälligen Bemerkung über die Farbe gefällt Hannah das Kleid plötzlich auch nicht mehr. Kann sie es zum Händler zurückbringen? Kundenfreundliche Händler nehmen in der Regel Ware innerhalb einer bestimmten Frist (meist 14 Tage) zurück, wenn sie nicht benutzt ist. Dies ist eine freiwillige Leistung, rechtlich verpflichtet sind die Händler dazu nicht. Meist erhält man gegen Vorlage des Kassenbons einen Gutschein über den Kaufpreis, manche Händler zahlen aber auch den Kaufpreis wieder aus. Bei reduzierter Ware ist der Umtausch oft ausgeschlossen.

M 6 Rechte beim Kauf im Internet

Da der Kunde das Produkt beim Einkauf im Netz nur am Bildschirm sieht und nicht testen kann, räumt ihm der Gesetzgeber in § 355 des Bürgerlichen Gesetzbuches ein Widerrufs- und Rückgaberecht von 14 Tagen ein, ohne dass der Kunde einen Grund angeben oder reklamieren muss. Die Frist läuft meist ab dem Tag, an dem der Kunde die Ware erhält. Ausgeschlossen sind wenige Waren wie frische Lebensmittel, Heizöl, Arzneimittel, entsiegelte Software oder Sonderanfertigungen. Liegt der Warenwert über 40 Euro, muss der Verkäufer die Rücksendekosten tragen. Widerruf ist per Brief, E-Mail oder Fax möglich. Die Versandbestätigung sollte aufbewahrt werden. Als Widerruf gilt auch, wenn der Kunde die Ware innerhalb von 14 Tagen kommentarlos zurückschickt. Allerdings muss das Produkt in gutem Zustand sein. „Mit dem neuen Fahrrad kann man schon eine Probefahrt auf der Straße machen, den Waldweg sollte man aber meiden", sagt Online-Rechtsexperte Lutz Wilde von der Stiftung Warentest.

Nach: Fabian Heckenberger, Süddeutsche Zeitung, 11.12.2010, S. 31

Aufgaben

1. Stimmt ab, welcher Auffassung von der Stellung des Konsumenten ihr spontan zustimmen würdet (M 1).

2. a) Fasse alle geäußerten Forderungen bzw. Argumente aus M 2 zusammen.

b) Schreibe einen Brief an den Computerhändler, indem du ihm die rechtliche Problematik darlegst und ihn dazu aufforderst, entsprechend der gesetzlichen Regelungen zu handeln (M 2 – M 4).

3. Erkläre, wie sich das in M 5 beschriebene Umtauschrecht von den Rechten des Käufers bei Sachmängeln unterscheidet.

4. Erläutere, welche besonderen Rechte der Käufer bei einem Kauf im Internet hat (M 6).

+ Verfasse einen Dialog, wie er täglich beim Bäcker, z. B. beim Kauf eines Brotes, stattfindet. Gehe dabei darauf ein, wie Käufer und Verkäufer die Pflichten aus dem (mündlichen) Kaufvertrag erfüllen (M 3).

Können Jugendliche Kaufverträge abschließen?

M 7 Oliver und das Mountain-Bike

Der 14-jährige Oliver träumt schon lange von einem Mountain-Bike. Sein Fahrrad ist schon ziemlich alt und eigentlich viel zu klein. Nach dem letzten Freibadbesuch war die rostige Kette zur Erheiterung seiner Freunde bei voller Fahrt abgesprungen. Als Oliver beim Fahrradhändler ein tolles Angebot sieht, entschließt er sich kurzerhand, mit seinem Sparbuch, auf das seine Eltern monatlich 50 € Taschengeld einzahlen und über das er frei verfügen darf, zur Bank zu gehen. Er hebt 400 € ab und kauft sich das neue Rad, ein echtes „Schnäppchen", wie der Händler versichert. Olivers Freund Manuel findet das Rad toll, aber er meint, Oliver hätte das Rad alleine nicht kaufen dürfen.

Darf ein 14-Jähriger von seinem Taschengeld ein neues Fahrrad kaufen?

M 8 Was sagt das BGB zum Taschengeld?

§ 106 Beschränkte Geschäftsfähigkeit Minderjähriger
Ein Minderjähriger, der das siebente Lebensjahr vollendet hat, ist nach Maßgabe der §§ 107 bis 113 in der Geschäftsfähigkeit beschränkt.

§ 107 Einwilligung des gesetzlichen Vertreters
Der Minderjährige bedarf zu einer Willenserklärung, durch die er nicht lediglich einen rechtlichen Vorteil[1] erlangt, der Einwilligung seines gesetzlichen Vertreters.

§ 108 Vertragsschluss ohne Einwilligung
(1) Schließt der Minderjährige einen Vertrag ohne die erforderliche Einwilligung des gesetzlichen Vertreters, so hängt die Wirksamkeit des Vertrags von der Genehmigung des Vertreters ab. [...]

§ 110 Bewirken der Leistung mit eigenen Mitteln
Ein von dem Minderjährigen ohne Zustimmung des gesetzlichen Vertreters geschlossener Vertrag gilt als von Anfang an wirksam, wenn der Minderjährige die vertragsmäßige Leistung mit Mitteln bewirkt, die ihm zu diesem Zwecke oder zur freien Verfügung von dem Vertreter oder mit dessen Zustimmung von einem Dritten überlassen worden sind.

[1] *z. B. durch eine Schenkung*

Rechtsfähigkeit
§ 1 Bürgerliches Gesetzbuch
Die Rechtsfähigkeit des Menschen beginnt mit der Vollendung der Geburt.

Unter Rechtsfähigkeit versteht man die Fähigkeit, Träger von Rechten und Pflichten zu sein.

Natürliche Personen
alle lebenden Menschen

Juristische Personen
z. B. Unternehmen, eingetragenen Vereine

M 9 Stufen der Geschäftsfähigkeit

Geschäftsfähigkeit		
geschäftsunfähig	**beschränkt geschäftsfähig**	**voll geschäftsfähig**
Kinder unter 7 Jahren; geistig behinderte Menschen	Kinder und Jugendliche von 7 bis 18 Jahren	Volljährige (ab 18 Jahren)
Rechtsgeschäfte sind nichtig; kleinere Alltagsgeschäfte geistig behinderter Erwachsener gelten aber als wirksam	Taschengeld-Geschäfte sind wirksam; andere Rechtsgeschäfte nur mit Genehmigung der Eltern	Rechtsgeschäfte sind wirksam

M 10 Der Taschengeldparagraf

Eine Besonderheit hat der Gesetzgeber für Geschäfte des Minderjährigen, die er mit seinem Taschengeld schließt, geregelt. Nach § 110 BGB („Taschengeldparagraf") gilt ein von dem Minderjährigen geschlossener Vertrag als von Anfang an wirksam, wenn der Minderjährige seinen Teil der Leistung aus Mitteln erbringt, die ihm dafür von seinem gesetzlichen Vertreter zu freier Verfügung überlassen worden sind. Hierfür bedarf es also keiner Zustimmung in Form der Genehmigung durch den gesetzlichen Vertreter zur Wirksamkeit des Geschäfts. Aber auch dies gilt erst für den beschränkt geschäftsfähigen Minderjährigen.

Der Gesetzgeber geht bei Geschäften mit dem Taschengeld davon aus, dass die Eltern hierzu ihre Einwilligung (= zeitlich vor Abgabe der Willenserklärung liegende Zustimmung) durch das Überlassen des Geldes an den Minderjährigen geben. Allerdings kommt es im Einzelfall darauf an, ob sie auch gerade zu diesem Geschäft von vornherein ihre Zustimmung gegeben haben. Wenn sich der Minderjährige beispielsweise ein Klappmesser von seinem Taschengeld kauft, obwohl seine Eltern ihm dies ausdrücklich untersagt haben, haben sie ihre Zustimmung verweigert. Ein solches Geschäft wäre dann auch unwirksam. […]

Die Genehmigung ist die Zustimmung, die erst nach Abgabe der Willenserklärung erfolgt. Bis zur Genehmigung durch den gesetzlichen Vertreter (meistens die Eltern) ist das Rechtsgeschäft schwebend unwirksam. Schwebende Unwirksamkeit eines Rechtsgeschäfts hat zur Folge, dass die Parteien aus dem Rechtsgeschäft keine Rechte und Pflichten herleiten können; sie sind aber an das Rechtsgeschäft gebunden.

Betrachten wir folgendes Beispiel: Ein beschränkt geschäftsfähiger 16-jähriger Junge schließt mit einem Mofa-Händler einen Kaufvertrag über eine Vespa zu einem Kaufpreis von 1.500 € ab, ohne die Zustimmung seiner gesetzlichen Vertreter. Da das Geschäft schwebend unwirksam ist, kann der Händler vom Käufer nicht den Kaufpreis verlangen. Genauso kann der Käufer vom Händler nicht die Verschaffung des Eigentums an der Vespa verlangen. Wenn die Eltern dem Vertrag noch zustimmen (ihn genehmigen), leben alle gegenseitigen Rechte und Pflichten aus dem Kaufvertrag auf (der Kaufpreis muss gezahlt werden und das Eigentum an der Vespa muss dem Käufer verschafft werden). Sollten die Eltern ihre Zustimmung nicht zu dem Rechtsgeschäft geben, dann ist es vollends unwirksam. Nunmehr ist der Händler nicht mehr an den Vertrag gebunden und kann das Mofa an einen anderen Kunden verkaufen.

Wenn die Situation wie im Beispiel ist, dann darf der Händler bis zur Genehmigung oder bis zur ausdrücklichen Verweigerung der Genehmigung nicht über das Mofa verfügen. Er darf es also nicht einfach an einen anderen verkaufen. Da der Händler ein Interesse daran hat, das Mofa zu verkaufen, hat der Gesetzgeber festgelegt, dass die gesetzlichen Vertreter des beschränkt Geschäftsfähigen nicht Ewigkeiten warten können, bis sie das Geschäft genehmigen oder nicht. Deshalb kann der Händler die Eltern auffordern, das Geschäft zu genehmigen. Mit dieser Aufforderung setzt er eine Zwei-Wochen-Frist in Gang. Wenn die Eltern das Geschäft innerhalb dieser zwei Wochen nicht genehmigen, gilt die Genehmigung als verweigert und das Rechtsgeschäft ist nach Ablauf der zwei Wochen unwirksam.

Nach: Stichwort „Taschengeld", Duden, Basiswissen Schule, Wirtschaft, Mannheim u. a. 2001 (CD-ROM)

Aufgaben

1. Durfte Manuel das Rad alleine kaufen? Beurteile den in M 7 geschilderten Fall und verfasse eine kurze, sachliche Antwort auf Manuels Frage (M 7 – M 11).

2. Gliedere in einer übersichtlichen Grafik, wie Kinder und Jugendliche über ihr Taschengeld verfügen dürfen (M 8 – M 10).

zu Aufgabe 1

Löse zunächst folgende Fälle mithilfe von M 9 und M 10:

- Die sechsjährige Friederike kauft sich beim Bäcker eine große Tüte Gummibärchen. Kann sie das?
- Der 7-jährige Anton bekommt von seinen Eltern Geld für Schulmaterial. Kann er sich von dem Geld ein Computerspiel kaufen?
- Die 17-jährige Seval bekommt zum Geburtstag Geld zur freien Verfügung geschenkt. Kann sie davon einen Roller kaufen?
- Die 18-jährige Charlotte bekommt zu Weihnachten Geld für den Führerschein. Kann sie mit dem Geld eine Urlaubsreise buchen?

Methode

M 11 Rechtsnormen anwenden

Gesetze enthalten eine Vielzahl von Regelungen, Bestimmungen und Definitionen. Aus manchen Gesetzestexten lassen sich aber auch konkrete Rechtsfolgen, z. B. Ansprüche auf Schadenersatz, ableiten. Dies gilt insbesondere für Regelungen des Bürgerlichen Gesetzbuches oder des Strafgesetzbuches. Da es nicht möglich ist, alle denkbaren Konfliktfälle aufzuzählen, sind auch hier die Rechtsnormen sehr allgemein und abstrakt formuliert. Sie beschreiben jeweils die Voraussetzungen (Tatbestand bzw. einzelne Merkmale des Tatbestands), die gegeben sein müssen, damit eine bestimmte Rechtsfolge eintritt. Zusätzlich werden zum Tatbestand oder zur Rechtsfolge meist noch weitere Bestimmungen, Definitionen oder Einschränkungen formuliert. Die Schwierigkeit liegt darin, diese ganz genau auseinanderzuhalten, um die Aussage der Regelung zu verstehen. Beispielhaft kann dies am ersten Absatz des Paragrafen 108 BGB (Bürgerliches Gesetzbuch) gezeigt werden. Bei der Analyse von Rechtsnormen empfiehlt sich folgendes Vorgehen.

1. Klären unbekannter Begriffe

§ 108 Vertragsschluss ohne Einwilligung
(1) Schließt der Minderjährige einen Vertrag ohne die erforderliche Einwilligung des gesetzlichen Vertreters, so hängt die Wirksamkeit des Vertrags von der Genehmigung des Vertreters ab.

Ergebnis:
Minderjährige: Personen, die das 18. Lebensjahr noch nicht vollendet haben.
gesetzlicher Vertreter: Vertreter ist, wer rechtlich für einen anderen handeln darf. In der Regel sind das die Eltern, manchmal aber auch z. B. das Jugendamt.
Tipp: Es ist wichtig, immer auch die umgebenden Absätze und Paragrafen zu lesen.
Gesetzestexte findet man auf *http://dejure.org* oder *http://www.gesetze-im-internet.de.*

2. Tatbestand und Rechtsfolge klären

Nachdem wichtige Begriffe geklärt sind, sollte die Regelung in Tatbestand und Rechtsfolge zerlegt werden. Oft wird der Tatbestand mit dem Wort „wenn“ und der Nennung einer Personengruppe oder eines Umstandes („der Minderjährige“, „der Verkäufer“, „die Schadensersatzpflicht“) eingeleitet, die Rechtsfolge mit dem Wort „so“.

§ 108 Vertragsschluss ohne Einwilligung
(1) Schließt der Minderjährige einen Vertrag ohne die erforderliche Einwilligung des gesetzlichen Vertreters, so hängt die Wirksamkeit des Vertrags von der Genehmigung des Vertreters ab.

Der Tatbestand (Bedingungen, Voraussetzungen) ist hier rot, die Rechtsfolge grün markiert.
Tatbestandsmerkmale:
✓ Minderjähriger (hier zwischen 7 und 18 Jahren)
✓ Vertragsschluss hat stattgefunden
✓ keine (vorherige) Einwilligung des gesetzlichen Vertreters gegeben
Rechtsfolge:
→ Wirksamkeit des Vertrags hängt von der (nachträglichen) Genehmigung der Eltern ab

3. Fall prüfen

Abschließend muss nun noch geprüft werden, ob der Fall in der Wirklichkeit mit dem in der Rechtsnorm formulierten Tatbestand übereinstimmt. Ist dies der Fall, dann tritt die beschriebene Rechtsfolge ein. Wenn man beispielsweise prüfen soll, ob der dreizehnjährige Tim das Handy kaufen durfte, muss man klären, ob er als Minderjähriger den Kaufvertrag mit Einwilligung seiner Eltern abgeschlossen hat. Hat er dies nicht, so müssten die Eltern den Vertrag nachträglich (innerhalb einer bestimmten Frist) noch genehmigen, damit der Vertrag wirksam werden kann. Andernfalls ist das Rechtsgeschäft nichtig.

Wie kann sich der Verbraucher informieren?

M 12 Was verschafft dem Konsumenten den Durchblick?

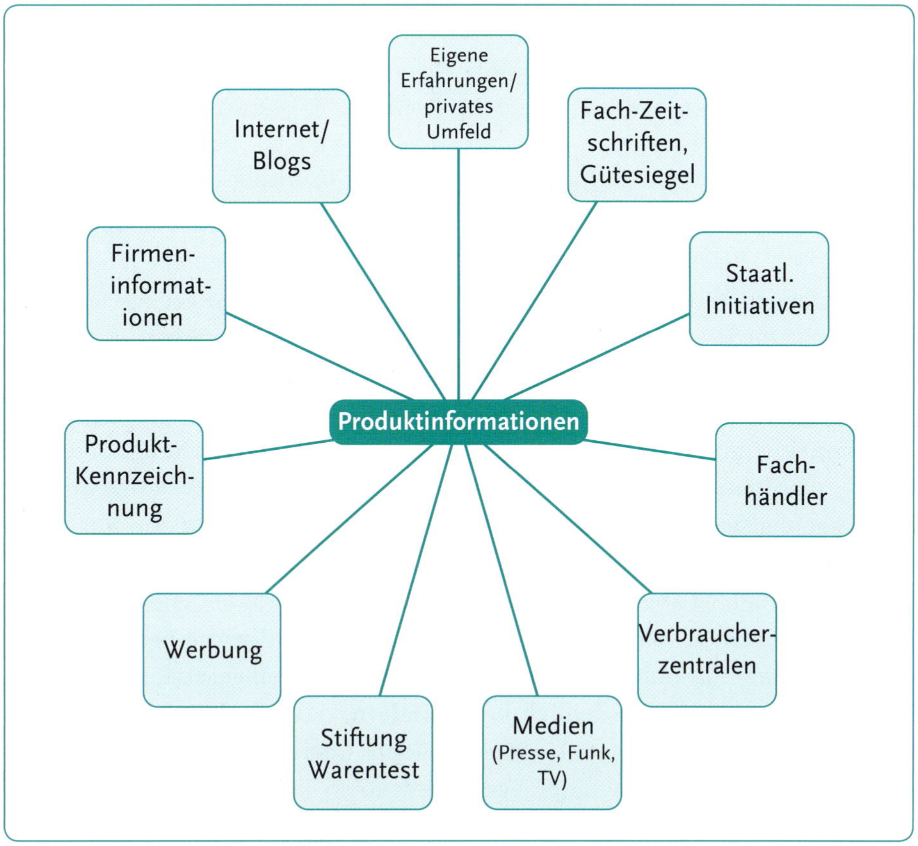

Verbraucherzentralen
Jedes der 16 Bundesländer hat eine Verbraucherzentrale (Niedersachsen: *www.verbraucherzentrale-niedersachsen.de*). Die Verbraucherzentralen bieten Beratung zu sehr vielen Verbraucherfragen, wie z. B. zu den Themen Finanzen, Ernährung und Ökologie. Eine sehr ansprechend aufbereitete Seite betreibt auch die Verbraucherzentrale Nordrhein-Westfalen unter *www.checked4you.de*.

M 13 Die Kennzeichnungspflicht von Lebensmitteln

Die Kennzeichnung von Lebensmitteln ist ein wichtiges Instrument der Verbraucherinformation. Das Lebensmittelkennzeichnungsrecht ist auf EU-Ebene bereits weitgehend harmonisiert. Die Regelungen stellen auf eine Grundkennzeichnung ab (wie Verkehrsbezeichnung, Angabe des Herstellers, Verpackers oder Verkäufers, Zutatenverzeichnis, Haltbarkeitsdatum, Füllmenge und Alkoholgehalt sowie unter bestimmten Voraussetzungen die Menge einzelner Zutaten). Sie gilt nicht für den Verkauf loser Ware. Neben der vorgeschriebenen Grundkennzeichnung bestehen weitere zahlreiche spezielle Kennzeichnungsregelungen (wie für Milcherzeugnisse, Öle und Fette, Wein, Fleisch und Fleischerzeugnisse).

M 14 Wie zuverlässig sind Gütesiegel?

Ausgewählte Produktsiegel

Sie sind sechseckig oder rund, grün, blau oder bunt. Sie prangen auf vielen Produkten und sollen den Verbraucher über Anbau- und Produktionsbedingungen informieren. Es gibt sie für biologische und konventionelle Lebensmittel, für Holz aus nachhaltigem Anbau, für Textilien, die unter fairen Bedingungen hergestellt werden, für Fische die umweltgerecht gefangen werden. Und es werden immer mehr [...].

Ignorieren können Verbraucher beim Einkauf getrost wohlklingende Aufschriften wie „aus kontrolliertem Anbau", „unabhängig kontrolliert" oder aus „nachhaltiger" Landwirtschaft, mit denen Hersteller häufig auf ihre konventionellen Lebensmittel aufmerksam machen. Sie suggerieren dem Konsumenten nur den Kauf gesunder Lebensmittel. Tatsächlich betreiben die Verkäufer damit einen gewaltigen Etikettenschwindel, genauso wie bei Formulierungen wie „umweltschonendem Anbau" oder „unter unabhängiger Kontrolle". So ausgezeichnete Lebensmittel sind keine Biowaren, mögen die Verpackungen auch grüne Weiden und glückliche Kühe zeigen. [...]

Ein wirkliches Gütesiegel, das rein für die umweltverträgliche Herstellung, beispielsweise von Lebensmitteln steht, gibt es bislang überhaupt nicht. Es gibt zwar die beiden Bezeichnungen „Bio" und „Öko", die durch EU-Rechtsvorschriften geschützt sind und dafür stehen, dass Hersteller bei der Produktion auf bestimmte Dinge achten. „Beispielsweise auf schädliche Düngemittel oder Gentechnik verzichten", sagt Buschmann von der Verbraucherzentrale in NRW. „Bio" und „Öko" helfen dem Verbraucher besonders, um feststellen zu können, ob ein Produkt für ihn gesund ist. Weniger aussagekräftig sind die Siegel, wenn es um die umweltschonende Herstellung der Waren geht. Naturbelassen gibt es wohl nur in der Werbung. Statt 300 Zusatzstoffe wie bei konventionellen sind bei Ökoprodukten nur 47 erlaubt. Dazu zählen jedoch auch umstrittene Produkte wie Carrageen (E407). Es wird gerne bei der Milchverarbeitung eingesetzt, um zu verhindern, dass die Milch einen Rahm bildet. Carrageen wird aus Rotalge gewonnen und führte bei Tierversuchen mit Nagern unter anderem zu Darmgeschwüren sowie zu einer Beeinflussung des Immunsystems. [...]

90 Prozent der Verbraucher wünschen sich laut einer Studie des Bundesumweltministeriums ein einziges produktübergreifendes Zeichen, an dem man sich orientieren kann. Dieser Wunsch nach klaren, einfachen und vertrauenswürdigen Orientierungshilfen besteht in allen Bevölkerungsgruppen.

Caspar Dohmen, Stuttgarter Zeitung, 30.12.2010

suggerieren
einreden, einflüstern

Tipp
Unter *www.iporex.com* findet sich ein internationales Verzeichnis von Bio-Produzenten und -Händlern, die von Fleisch bis Ahornzucker alles im Angebot haben.
Unter *www.utopia.de* finden sich Informationen über nachhaltig und nur scheinbar nachhaltig erzeugte Produkte und ihre Produzenten.
Unter *www.oeko.de* findet man einen Überblick über aktuelle Probleme bei ökologischer Produktion.

M 15 Stiftung Warentest testet Foto-Entwickler

Discounter, Drogerie oder Online-Dienste – wer Digitalfotos entwickeln möchte, hat die Qual der Wahl. Die Stiftung Warentest hat zwölf Anbieter getestet. Zwei schnitten dabei besonders gut ab.

Digitale Abzüge sind in den letzten fünf Jahren deutlich besser geworden. Hat die Stiftung Warentest im Test von 2005 die Bildqualität noch bestenfalls mit „befriedigend" beurteilt, ist sie heute oft „gut". Zwölf Anbieter von digitalen Fotodiensten haben die Prüfer bewertet. Am besten schnitt Aldi ab. Der Discounter liefert Abzüge im 10er-Format für neun Cent pro Stück und bietet damit das beste Preis-Leistungs-Verhältnis.

Auf Platz zwei hat es Foto Quelle geschafft. Bildqualität, Angebotsumfang und Bestellabwicklung waren bei beiden Diensten für Fotos wie für Poster immer mindestens „gut". Das gilt zwar auch für die Anbieter dm, Saturn und Schlecker – allerdings sind bei ihnen die Fotos teurer als bei den Testsiegern. Hinzu kommt: Nur Aldi und Foto Quelle gehen auch „gut" mit Nutzerdaten um.

Bei fast allen Anbietern lief die Bestellung weitgehend problemlos. Auf ihre Fotos mussten die Besteller im Schnitt zwei Tage warten, auf Poster einen Tag länger. Am schlechtesten bewertete die Stiftung Warentest den Dienst Foto.com. Die entwickelten Fotos waren dort „befriedigend", die bestellten Poster nur „ausreichend" und die Website gar „mangelhaft". Am Online-Auftritt hapert es aber nicht nur dort: Als einziger Anbieter hat Lidl für die Website die Note „gut" bekommen. Alle anderen Internetseiten sind „befriedigend" oder schlechter.

ino, www.n-tv.de, 26.8.2010

Stiftung Warentest
Die Stiftung Warentest ist eine deutsche Verbraucherschutzorganisation, die mit dem Anspruch der Unabhängigkeit Waren und Dienstleistungen verschiedener Anbieter untersucht und vergleicht. Die Ergebnisse der Warentests, Dienstleistungsuntersuchungen und Verbraucherinformationen werden z. B. im Internet, in Zeitschriften, Sonderheften, Ratgebern oder Jahrbüchern veröffentlicht (*www.test.de*).

Aufgaben

1. Mit welchen Informationsquellen für den Verbraucher (M 12) hast du schon Erfahrungen gemacht? Berichte darüber und notiere jeweils Beispiele.
2. Diskutiert, ob ihr die Angaben auf Lebensmittelverpackungen für ausreichend haltet. Welche weiteren Informationen hättet ihr gerne beim Kauf eines Lebensmittels (M 13)?
3. Arbeite aus M 15 heraus, nach welchen Kriterien die Foto-Entwickler getestet wurden.
4. Bildet Gruppen. Wählt ein Produkt, das ihr testen wollt, und entwickelt geeignete Kriterien für euren Test.

Die Siegel in der Randspalte geben dem Käufer zusätzliche Informationen über ein Produkt. Recherchiert weitere Siegel und sammelt Informationen dazu: Wofür stehen die Siegel, wer vergibt sie, welche Kriterien muss ein Produkt erfüllen, um das Siegel zu erhalten? Beurteilt abschließend, ob das Siegel für den Verbraucher nützlich ist.

Betrüger im Internet – wie kann man sich schützen?

M 16 Bildschirm an, Gehirn aus

Etwa 35 Millionen Menschen nutzen in Deutschland das Internet zum Einkauf. Ein Großteil davon besucht die Seiten bekannter Portale, wie ebay oder Amazon. Aber viele Computer-Nutzer werden im Internet verführt, belogen und betrogen – wenn sie nicht aufpassen. Ob Model-Casting, Ahnenforschung, Intelligenztest, Führerscheintest, Routenplaner oder Lehrstellensuche: Der Einfallsreichtum der Anbieter nimmt kein Ende. Hinter scheinbar kostenlosen Seiten oder Kleinanzeigen stecken im Kleingedruckten oft teure Dienste oder Abonnements mit mehrjähriger Laufzeit. „Bei manchen Käufern schaltet sich vor dem Bildschirm der gesunde Menschenverstand ab", sagt Jutta Gurkmann vom Bundesverband der Verbraucherzentralen.

M 17 Betrug im Internet – die Fälle

Schwarz und verlockend schimmerte der Sportwagen auf dem Bild im Internet. Der 21-jährige Anton war begeistert. Ein Anbieter hatte den neuen Audi TT ins Netz gestellt, für 6.000 Euro. Der Wagen müsse schnell verkauft werden, schrieb der Mann. Ihm stehe ein Scheidungsprozess bevor, er wolle verhindern, dass die künftige Ex-Frau das Auto bekomme. Wer als Erster den Betrag auf ein Konto in London überweise, erhalte den Zuschlag. Anton leuchtete das ein und das Auto wollte er schon lange. Also überwies er 6.000 Euro. Er war nicht der einzige, der dem Unbekannten Geld überwies – das Fahrzeug erhielt aber keiner.

Fragwürdige Rechnungen verschickte das Internetportal „top-of-software.de" der Antassia GmbH. Die Masche war stets gleich: Lena, 15, hatte auf der Seite nach kostenlosen Programmen wie „OpenOffice", „Adobe Flash Player" oder nach Virenschutzprogrammen gesucht. Nach mehreren Klicks kam sie zu einer Anmeldeseite. Neben einer Eingabemaske für persönliche Daten fand sich dort ein kaum erkennbarer Hinweis auf Kosten in Höhe von 96 Euro und eine Laufzeit von einem Jahr. In der Annahme, die geforderten Daten seien lediglich für den kostenlosen Download der Software nötig, übersah sie diese Klausel. Die Rechnung und auch die Mahnung vom Rechtsanwalt kamen per E-Mail.

So genannte Live- und Cent-Auktionen sind der neueste Trend im Internet. Der entscheidende Unterschied zu üblichen Einkaufs- und Versteigerungsportalen wie etwa eBay: Während bei den Internet-Klassikern das Bieten kostenlos ist, kassieren die Neulinge für jedes Gebot ab: mal 10 Cent, meistens jedoch 50 Cent. So wurde der 18-jährige Sven zum Beispiel verführt, aufs angepeilte Produkt nicht nur einmal, sondern zehn- oder auch 100-mal zu steigern. Investiert hatte er 250 Euro – und ging dennoch leer aus.

M 18 In die Falle getappt – welche Rechte hat man?

Was sagen Gerichte zum Versuch, Menschen mit Abo-Fallen und Vertragsfallen im Internet um ihr Geld zu bringen? Verträge können schriftlich, mündlich oder auch durch sogenanntes schlüssiges Verhalten (z. B. Einsteigen in ein Taxi) geschlossen werden. Im Internet können Verträge auch per E-Mail oder durch Anklicken von Buttons zustande kommen. Voraussetzung für einen gültigen Vertrag ist allerdings, dass der Empfänger die Erklärung als ein Vertragsangebot verstehen darf. Dazu muss der Anbieter eine Reihe von Informationspflichten erfüllen. Zum Beispiel müssen die Allgemeinen Geschäftsbedingungen gut einsehbar sein. Im Streitfall muss der Dienste-Anbieter den Abschluss eines Vertrages beweisen. Wenn er auf seiner Seite nur versteckt auf die Kostenpflicht hingewiesen, ansonsten aber mehrfach mit „gratis" geworben hat, darf er nicht davon ausgehen, dass der Verbraucher mit der Anmeldung ein kostenpflichtiges Abo eingehen wollte. So hat das Amtsgericht Gummersbach in einem Urteil klargestellt: „Es kann dem Verbraucher nicht zugemutet werden, versteckten Hinweisen auf eine Vergütungspflicht nachzugehen und erst nach Anklicken mehrerer Internetseiten das zu zahlende Entgelt, das immerhin einen Hauptbestandteil des Dienstvertrags darstellt, zu ermitteln. Die zu zahlende Vergütung muss vielmehr bereits bei Beginn des Registrierungsvorgangs klar und eindeutig erkennbar sein."

Heiko Rittelmeier, www.computerbetrug.de (12.1.2011)

M 19 Tipps gegen Internetabzocker

Internet-Abzocker schicken überraschend Rechnungen und Mahnungen (oft nur per E-Mail) und fordern von dir für eine unseriöse oder gar keine Dienstleistung hohe Geldbeträge mit extrem kurzer Zahlungsfrist. Oft kommen die E-Mails am Wochenende. Drohungen mit einer Anzeige wegen Betrugs oder einem Eintrag in das Erziehungsregister brauchst du nicht ernst zu nehmen, auch wenn sie von einem Rechtsanwalt kommen. Am besten, du unternimmst gar nichts. In der Regel hören die Forderungen irgendwann auf, denn die Betrüger wissen, dass sie vor Gericht keine Chance haben. Um die Forderungen zu unterbinden, kann man auch einen Brief an das Unternehmen senden, Mustervorlagen dafür gibt es bei den Verbraucherzentralen.

Nach: Petra Kristandt, Tipps gegen Internetabzocker, Verbraucherzentrale Niedersachsen

Aufgaben

1. „Bei manchen Käufern schaltet sich vor dem Bildschirm der gesunde Menschenverstand ab" – Erkläre, warum Konsumenten im Internet so sorglos einkaufen (M 16).
2. Bildet Beraterteams und beratet Anton, Lena und Sven hinsichtlich der Rechtslage (M 17, M 18).
3. Entwickelt allgemeine Verhaltensregeln für einen sicheren Umgang mit dem Internet und gestaltet damit eine Broschüre für Verbraucher (M 19).

Was wir wissen

König Kunde?
M 1

Das Leitbild vom Kunden als König sieht den Verbraucher mit der Freiheit ausgestattet, das für ihn beste Produkt auswählen zu können. Mit seiner „Stimmabgabe“ kann er die Produktion in seinem Sinne lenken. Voraussetzungen für diese Souveränität und Macht der Konsumenten sind, dass der Verbraucher nach dem ökonomischen Prinzip handelt, dass er eine vollständige Übersicht über den Markt hat (Markttransparenz) und eine Konkurrenzsituation der Anbieter besteht. In der Wirklichkeit sind diese Voraussetzungen jedoch nur selten gegeben. Die Warenvielfalt, mannigfaltige Produktmerkmale, die unterschiedliche Qualität der Produkte und immer ausgefeiltere Manipulationstechniken der Werbestrategen erschweren eine rationale Kaufentscheidung.

Rechte des Käufers
M 3 – M 6

Täglich werden zahllose Kaufverträge geschlossen. Ein Kaufvertrag begründet Rechte und Pflichten für den Verkäufer (Übereignung der mangelfreien Sache) und den Käufer (Zahlung des Kaufpreises). Liegt ein Sachmangel vor, so hat der Käufer innerhalb von zwei Jahren Anspruch auf Nacherfüllung, d. h. er erhält nach seiner Wahl entweder eine neue, mangelfreie Ware (Ersatzlieferung) oder die Sache wird repariert (Nachbesserung). Schlägt die Nacherfüllung fehl, so kann der Käufer bei erheblichen Mängeln vom Vertrag zurücktreten. Bei einem unerheblichen Mangel ist auch eine Minderung des Kaufpreises möglich.

Geschäftsfähigkeit
M 8 – M 10

Voraussetzung, um einen Vertrag schließen zu können, ist die Geschäftsfähigkeit der Vertragspartner. Geschäftsunfähig ist, wer das siebte Lebensjahr nicht vollendet hat. Beschränkt geschäftsfähig sind Minderjährige zwischen dem siebten und achtzehnten Lebensjahr. Ein Minderjähriger kann wirksam nur dann Verträge schließen, wenn er lediglich einen rechtlichen Vorteil (z. B. Schenkung) daraus hat oder wenn die Einwilligung beziehungsweise Genehmigung des Rechtsgeschäfts durch den gesetzlichen Vertreter, das sind in der Regel die Eltern, gegeben ist. Ein von einem Minderjährigen geschlossener Vertrag gilt als von Anfang an wirksam, wenn der Minderjährige mit Taschengeld („eigenen Mitteln“) bezahlt, das ihm zu einem bestimmten Zweck oder zur freien Verfügung von seinem gesetzlichen Vertreter oder mit dessen Zustimmung von Dritten überlassen worden ist.

Verbraucherschutz
M 12 – M 19

Mit Verbraucherpolitik bezeichnet man alle politischen und verbandlichen Aktivitäten und rechtlichen Maßnahmen, die dazu dienen, die Marktposition der Konsumenten gegenüber den Produzenten, Händlern und Dienstleistungsanbietern zu verbessern. So stärken eine Fülle rechtlicher Regelungen die Stellung des Verbrauchers gegenüber den Herstellern (z. B. Gewährleistungsrecht, Fernabsatzgesetz, Kennzeichnungspflichten).
Eine Vielzahl ergänzender Produktinformationen soll den Konsumenten eine überlegte Kaufentscheidung unabhängig von einseitigen Anbieterinformationen ermöglichen. Wichtige Informationsquellen sind z. B. Verbraucherberatungsstellen, Warentest-Organisationen, Produktsiegel uvm.

Was wir können

Pro und Kontra: Lebensmittel im Gesundheits-Check

Mehr als jeder zweite Deutsche ist übergewichtig, auch Kinder und Jugendliche werden immer dicker. Ein Grund dafür ist falsche Ernährung, viele Lebensmittel enthalten zu viel Zucker und zu viel Fett. Soll bei Lebensmitteln in Zukunft der Gehalt an Energie, Fett, gesättigten Fettsäuren, Kohlenhydraten, Zucker, Eiweiß und Salz gekennzeichnet werden, um eine gesündere Ernährung zu ermöglichen?

Bisherige Kennzeichnung

Gesundheits-Check (z. B. „Ampelkennzeichnung“)

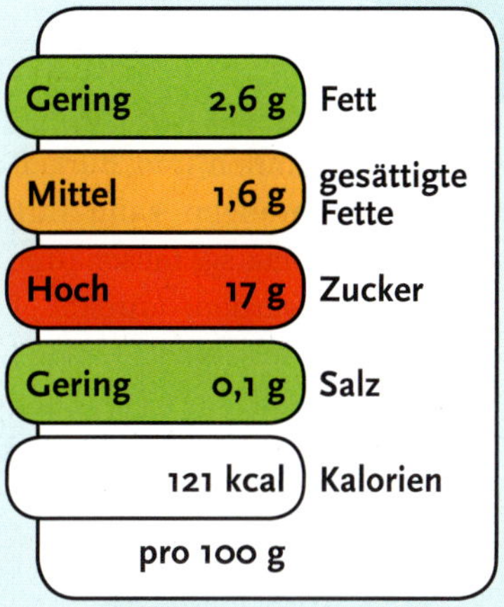

Ampelkennzeichnung:
Dabei werden für jedes Produkt direkt auf der Vorderseite der Verpackung die Gehalte an den wichtigsten Nährwerten (Fett, gesättigte Fettsäuren, Zucker und Salz) in absoluten Grammzahlen angegeben. Und zwar einheitlich pro 100 Gramm bzw. 100 Milliliter, damit man verschiedene Produkte miteinander vergleichen kann. Zur leichten Orientierung wird jeder dieser vier Werte mit einer der Signalfarben Rot (für einen hohen Gehalt), Gelb (mittel) und Grün (niedrig) hinterlegt.

Aufgabe

Bildet Arbeitsgruppen und sammelt Argumente für und wider die Erweiterung der Kennzeichnungspflicht. Führt anschließend eine Pro- und Kontra-Debatte. Berücksichtigt bei eurer Argumentation auch die Interessen von Konsumenten und Produzenten sowie wessen Position gestärkt bzw. geschwächt wird.

Nützliche Internetadressen

www.agv.de (Arbeitsgemeinschaft der Verbraucherzentralen)
www.oekotest.de (Zeitschrift Ökotest)
www.stiftung-warentest.de (Unabhängige Stiftung Warentest)
www.bmg.de (Bundesministerium für Gesundheit)
www.bml.de (Bundesministerium für Landwirtschaft und Ernährung)
http://ec.europa.eu/consumers/index_de.htm (Seite der EU zur Verbraucherpolitik)

Kleines Politiklexikon

Abgeordnete
Die gewählten Mitglieder eines Parlaments.

Arbeitslosengeld
Unterstützungsleistung für arbeitslose Arbeitssuchende. Zu unterscheiden ist zwischen Versicherungsleistungen aus der Arbeitslosenversicherung (das ist in Deutschland das Arbeitslosengeld I, welches in der Regel für ein Jahr gezahlt wird) und aus Steuergeldern finanzierten Mindestsicherungssystemen (dazu gehört das Arbeitslosengeld II, Hartz IV).

Armut
Von absoluter Armut spricht man, wenn einer Person weniger als 1,25 US-Dollar (ca. 1 Euro) pro Tag zur Verfügung steht. Von relativer Armut spricht man, wenn das Einkommen weniger als 50 % des Durchschnittseinkommens in einem Land (Staat) beträgt.

Bedürfnis
Bedürfnis ist der Wunsch, einen Mangel zu beseitigen. So liegt dem Bedürfnis zu trinken Durst als Mangelempfinden zugrunde.

Bürgerliches Gesetzbuch (BGB)
In ihm stehen die wichtigsten rechtlichen Regelungen, die das Zusammenleben der Bürger betreffen, z. B. zu den Rechten und Pflichten beim Kaufvertrag.

Bürgerinitiative
Lockerer, zeitlich befristeter Zusammenschluss von Bürgerinnen und Bürgern, die wegen eines bestimmten Anliegens Einfluss auf die Politik nehmen wollen.

Demografischer Wandel
So werden die Veränderungen in der Bevölkerungszusammensetzung hinsichtlich ihrer Größe und Struktur (z. B. Alterszusammensetzung) bezeichnet.

Demokratie
Das Wort stammt aus dem Griechischen und bedeutet Herrschaft des Volkes. Die Beteiligung aller Bürgerinnen und Bürger an allen Abstimmungen kann nur in sehr kleinen Staatsgesellschaften verwirklicht werden (direkte Demokratie). Wo dies nicht möglich ist, wählt das Volk Vertreter (Repräsentanten), die für das Volk handeln (repräsentative Demokratie).

Einkommen
Allgemein meint man damit das Arbeitseinkommen für Erwerbstätigkeit (Lohn, Gehalt, Gewinn). Darüber hinaus gibt es auch Einkommen als Entgelt für die Bodennutzung (Miete, Pacht) oder als Entgelt für die Nutzung von Kapital (Sparzinsen, Kreditzinsen). Einkommen, die der Staat ohne Gegenleistung bezahlt, nennt man Transfereinkommen.

Geld
Geld ist ein allgemein anerkanntes und gültiges Zahlungsmittel, mit dem man Waren oder Dienstleistungen erwerben kann. Geld ist Tauschmittel, Wertaufbewahrungsmittel, Wertübertragungsmittel und Recheneinheit.

Gemeinde
Die Gemeinden (Kommunen) bilden das unterste politische Gemeinwesen in der Bundesrepublik Deutschland. Gemeinden besitzen das Recht der Selbstverwaltung (Art. 28 GG) und regeln im Rahmen der Gesetze alle Angelegenheiten der örtlichen Gemeinschaft in eigener Verantwortung.

Generation
Damit meint man alle innerhalb eines bestimmten Zeitabschnitts geborenen Menschen. Der Abstand zwischen zwei Generationen ist der Abstand zwischen den Geburtsjahren von Großeltern, Eltern und Kindern.

Generationenvertrag
Bezeichnung für das Grundprinzip der gesetzlichen Rentenversicherung, nach dem der heute arbeitende Teil der Gesellschaft für die Rentenzahlungen an den nicht mehr arbeitenden Teil aufkommt.

Gerechtigkeit
Einstellung, Prinzip, Zustand, bei dem jede Person das erhält, was ihr zusteht. Wie dieser Zustand zu erreichen ist, ist umstritten. So unterscheidet man Chancengerechtigkeit, Leistungsgerechtigkeit, Bedarfsgerechtigkeit und Teilhabegerechtigkeit.

Geschäftsfähigkeit
Die Fähigkeit, gültige Rechtsgeschäfte abzuschließen. Die beschränkte Geschäftsfähigkeit beginnt mit der Vollendung des 7. und endet mit der Vollendung des 18. Lebensjahres. Mit Vollendung des 18. Lebensjahres erhält man die volle Geschäftsfähigkeit.

Gesellschaft
Eine Gesellschaft bezeichnet einen relativ dauerhaften Verbund von Gemeinschaften/Gruppen, die in-

nerhalb einer politischen und wirtschaftlichen Ordnung leben und gemeinsame Normen und Werte teilen.

Gesetz
Ein Gesetz ist eine verbindliche Vorschrift, die das Ziel hat, das Zusammenleben der Menschen zu regeln. Es muss in einem dafür vorgesehenen Verfahren rechtmäßig zu Stande kommen. Gesetze werden von den Parlamenten (Bundestag, Landtag, Gemeindevertretung) beschlossen.

Güter
Güter sind ganz allgemein Mittel (z. B. Waren, Dienstleistungen, Rechte), mit denen Bedürfnisse befriedigt werden können. Sie haben einen Preis und sind in der Regel nicht unbegrenzt verfügbar. Nur wenige Güter auf der Erde (z. B. Luft, Sand in der Wüste) sind freie Güter, d. h. unbegrenzt vorhanden.

Haushalt
Die genaue Aufstellung der geplanten Einnahmen und Ausgaben für einen bestimmten Zeitraum (meist das kommende Jahr). Die Einnahmen werden nach den Quellen unterschieden, die Ausgaben nach dem Zweck der Verwendung.

Herrschaftsformen
Herrschaftsformen charakterisieren die tatsächliche Art und Weise der Herrschaftsausübung und berücksichtigen hierbei unter anderem, welche Personen oder Gruppen politische Macht ausüben. So übt in der Demokratie das Volk die politische Herrschaft aus.

Kaufvertrag
Beim Kaufvertrag müssen sich Käufer und Verkäufer über die Kaufsache und den Kaufpreis einigen. In der Fachsprache heißt das, dass sie zwei übereinstimmende Willenserklärungen abgeben müssen (Angebot und Annahme). Der Verkäufer ist durch den Vertrag zur Übereignung der mangelfreien Kaufsache verpflichtet, der Käufer zur Bezahlung des vereinbarten Kaufpreises und zur Abnahme der Kaufsache.

Kinderarbeit
Kinderarbeit ist weltweit verbreitet. Etwa 200 Millionen Kinder unter 14 Jahren arbeiten. Nach den Regelungen der ILO ist Kinderarbeit verboten, mit Ausnahmen für leichte Tätigkeiten ab 12 Jahren, wenn ein Schulbesuch gewährleistet ist. Erst ab 15 Jahren dürfen Jugendliche in Vollzeit arbeiten. Gefährliche Kinderarbeit oder Zwangsarbeit ist generell verboten – nach ILO-Erhebungen arbeiten jedoch weltweit über die Hälfte der Kinderarbeiter unter unerträglichen Bedingungen.

Knappheit
Knappheit entsteht dadurch, dass unsere Wünsche und Bedürfnisse unbegrenzt, die vorhandenen Güter auf der Erde jedoch begrenzt sind. Knappheit ist also letztlich der Grund für die wirtschaftliche Betätigung des Menschen. Güter zur Befriedigung von Bedürfnissen müssen von den Menschen hergestellt werden, die Preise der Güter sind ein Gradmesser für ihre Knappheit.

Kredit
Ein Gläubiger überlässt einem Schuldner Geld unter der Voraussetzung der Rückzahlung.

Markt
Der Markt ist der Treffpunkt von Angebot und Nachfrage. Durch die Höhe des Angebots und der Nachfrage wird der Preis bestimmt.

Mobbing
Mobbing bedeutet, dass jemand z. B. in der Schule schikaniert, belästigt, drangsaliert, beleidigt, ausgegrenzt wird. Wenn man eine negative Handlung als Mobbing bezeichnen möchte, dann muss diese häufig und wiederholt auftreten und sich über einen längeren Zeitraum erstrecken. Das Mobbingopfer ist der Situation häufig hilflos ausgeliefert und leidet stark unter der Situation.

Nachhaltigkeit
Der Begriff bedeutet, dass man nicht mehr von einem Rohstoff (der Natur) verbrauchen soll, als nachwachsen kann. In Bezug auf die Umwelt heißt das, dass man den Ausgangszustand für die folgenden Generationen bewahren soll und die Umwelt nicht durch Abgase und Müll irreparabel schädigen darf.

Ökonomisches Prinzip
Das ökonomische Prinzip besagt, dass die vorhandenen Mittel (Geld, Zeit) optimal eingesetzt werden sollen, um ein bestimmtes Ergebnis zu erreichen. Bei vorgegebenen Mitteln soll ein möglichst hoher Ertrag erzielt werden (Maximalprinzip). Bei einem vorgegebenen Ertrag sollen möglichst geringe Mittel eingesetzt werden (Minimalprinzip).

Politik
Politik bedeutet die allgemeinverbindliche oder auf Allgemeinverbindlichkeit zielende Problemlösung oder Gestaltung des Gemeinwesens. Unterschieden werden drei Dimensionen der Politik: policy (Inhalte), polity (Rahmen), politics (Konflikte).

Preisbildung
Prozess, in dem sich in einer Marktwirtschaft auf den Märkten die Preise bilden. Preisbildung ist abhängig

von Marktform und Anzahl der Anbieter und Nachfrager. Sie vermittelt zwischen Produktion und der Befriedigung bestehender Bedürfnisse.

Produktion
Bezeichnet den Prozess der Herstellung von Produkten durch den Einsatz betrieblicher Produktionsfaktoren. Dies können im weiteren Sinne auch Dienstleistungen (Haarschnitt beim Friseur) sein.

Produktionsfaktoren
Dies sind Güter und (Dienst-)Leistungen, die eingesetzt werden, um andere Güter und (Dienst-)Leistungen herzustellen bzw. zu erbringen. Die klassischen Produktionsfaktoren sind Arbeit, Kapital und Boden. Im betriebswirtschaftlichen Fertigungsprozess unterscheidet man diese Produktionsfaktoren: Betriebsmittel (z. B. Maschinen), Werkstoffe (werden verarbeitet), Arbeit und Informationen.

Rechtsfähigkeit
Mit der Geburt ist der Mensch Träger von Rechten und Pflichten.

Schülervertretung
Die Schülervertretung (häufig SV abgekürzt) vertritt die Interessen der Schülerinnen und Schüler bei der Gestaltung des schulischen Lebens. Alle Schülerinnen und Schüler können an ihrer Interessenvertretung mitwirken. Die Gruppe der Klassen- und Jahrgangsstufensprecher bildet den Schülerrat, der das Schulsprecher-Team und die Vertreter in die verschiedenen Konferenzen wählt.

Schulgesetz
Das Schulgesetz ist eine Regelsammlung für alle Schulen in einem Bundesland. Es legt unter anderem fest, welchen Auftrag die Schulen haben, wie sie organisiert sein sollen, welche Möglichkeiten der Mitbestimmung es für Schüler, Eltern und Lehrer gibt und welche Rechte und Pflichten Schüler haben. Auch wie Entscheidungen innerhalb der Schule getroffen werden sollen und wer an ihnen beteiligt werden muss, regelt das Schulgesetz.

Steuern
Steuern sind allgemeine Geldabgaben der Bürger und Unternehmen an den Staat. Alle Steuerpflichtigen müssen Steuern zahlen. Es gibt verschiedene Steuerarten (z. B. Einkommensteuer, Mineralölsteuer, Hundesteuer). Steuern sind in der Regel nicht an einen bestimmten Zweck gebunden.

Subsidiaritätsprinzip
Prinzip, nach dem ein Problem auf der Ebene gelöst werden soll, auf der es entsteht. „Was der Einzelne tun kann, sollen nicht andere für ihn tun." Erst wenn auf dieser Ebene keine Abhilfe möglich ist, soll die nächst höhere Ebene sich des Problems annehmen (Familie, Gemeinde, Land, Bund, EU).

Taschengeld
Meist regelmäßige Zuwendungen an Jugendliche, über die sie mit Einwilligung der Erziehungsberechtigten frei verfügen können.

Taschengeldparagraf
Regelung des BGB, die besagt, dass Geschäfte von Minderjährigen dann wirksam sind, wenn diese mit Mitteln bezahlt werden (in der Regel Taschengeld), die ihm zur freien Verfügung von den gesetzlichen Vertretern (Eltern) überlassen worden sind.

Transfereinkommen
Als Transfereinkommen bezeichnet man Einkommen, welches durch den Staat oder andere Institutionen bereitgestellt wird, ohne dass eine konkrete Gegenleistung erfolgt. (Beispiele: Sozialhilfe, Arbeitslosengeld II etc.)

Verbraucherschutz
Maßnahmen zum Schutz der Gesundheit der Verbraucher und zur Stärkung ihrer Rechte als Konsumenten. Mit bestimmten Gesetzen (z. B. zur Kennzeichnung von Lebensmitteln oder zur Gewährleistung), aber auch durch eine verbesserte Information und Aufklärung (z. B. durch Produktsiegel und Warentests) soll die Position der Verbraucher gegenüber den Anbietern verbessert werden.

Wahlen
Verfahren der Berufung von Personen in bestimmte Ämter durch Stimmabgabe einer Wählerschaft. In Demokratien werden die wichtigsten Staatsämter durch Wahlen besetzt. Faire Wahlen müssen die Bedingungen allgemein, frei, gleich, geheim und unmittelbar erfüllen. Das genaue Wahlverfahren (Verhältniswahl, Mehrheitswahl) ist meist in Wahlgesetzen geregelt.

Werbung
Im wirtschaftlichen Sinne die Bekanntmachung von Gütern oder Dienstleistungen mit der Absicht, bei den Konsumenten eine Kaufhandlung auszulösen. Wird dies versteckt gemacht, spricht man von Schleichwerbung.

Wirtschaftskreislauf
Modell, in dem die Tauschvorgänge zwischen den Wirtschaftssubjekten (private Haushalte, Unternehmen, Staat, Banken; erweiterte Darstellung umfasst auch das Ausland) dargestellt werden.

Register

Hinweise zur Bearbeitung der Aufgaben

Anforderungsbereich I (Reproduktion)

Er verlangt in erster Linie das Wiedergeben und Darstellen von fachspezifischen Sachverhalten aus einem abgegrenzten Gebiet und im gelernten Zusammenhang unter reproduktivem Benutzen geübter Arbeitstechniken.

Operator	Beschreibung der erwarteten Leistung
beschreiben	strukturiert und fachsprachlich angemessene Materialien vorstellen und/oder Sachverhalte darlegen
gliedern	einen Raum, eine Zeit, oder einen Sachverhalt nach selbst gewählten oder vorgegebenen Kriterien systematisierend ordnen
wiedergeben	Kenntnisse (Sachverhalte, Fachbegriffe, Daten, Fakten, Modelle) und/oder (Teil-)Aussagen mit eigenen Worten sprachlich distanziert, strukturiert und damit unkommentiert darstellen
zusammenfassen	Sachverhalte auf wesentliche Aspekte reduzieren und sprachlich distanziert strukturiert und unkommentiert wiedergeben (→ *wiedergeben*)

Anforderungsbereich II (Reorganisation und Transfer)

Er fordert das selbstständige Erklären, Bearbeiten und Ordnen bekannter fachspezifischer Inhalte und das angemessene Anwenden gelernter Inhalte und Methoden auf andere Sachverhalte.

Operator	Beschreibung der erwarteten Leistung
analysieren	Materialien, Sachverhalte oder Räume kriterienorientiert oder aspektgeleitet erschließen und strukturiert darstellen
charakterisieren	Sachverhalte in ihren Eigenarten beschreiben (→ *beschreiben*), typische Merkmale kennzeichnen und diese dann gegebenenfalls zusammenführen
einordnen	begründet eine Position/Material zuordnen oder einen Sachverhalt begründet in einen Zusammenhang stellen
erklären	Sachverhalte so darstellen – gegebenenfalls mit Theorien und Modellen –, dass Bedingungen, Ursachen, Gesetzmäßigkeiten und/oder Funktionszusammenhänge verständlich werden
erläutern	Sachverhalte in ihren komplexen Beziehungen an Beispielen und/oder Theorien verdeutlichen (auf Grundlage von Kenntnissen bzw. Materialanalyse)
herausarbeiten	Materialien auf bestimmte, explizit nicht unbedingt genannte Sachverhalte hin untersuchen und Zusammenhänge zwischen den Sachverhalten herstellen
vergleichen	Gemeinsamkeiten, Ähnlichkeiten und Unterschiede von Sachverhalten kriterienorientiert darlegen

Anforderungsbereich III (Reflexion und Problemlösung)

Er umfasst den reflexiven Umgang mit neuen Problemstellungen, den eingesetzten Methoden und gewonnenen Erkenntnissen, um zu Begründungen, Folgerungen, Beurteilungen und Handlungsoptionen zu gelangen.

Operator	Beschreibung der erwarteten Leistung
beurteilen	den Stellenwert von Sachverhalten oder Prozessen in einem Zusammenhang überprüfen (→ *überprüfen*), um kriterienorientiert zu einem begründeten Sachurteil zu gelangen
entwickeln	zu einem Sachverhalt oder zu einer Problemstellung eine Einschätzung, ein konkretes Lösungsmodell, eine Gegenposition oder ein Lösungskonzept inhaltlich weiterführend und/oder zukunftsorientiert darlegen
erörtern	zu einer vorgegebenen Problemstellung eine reflektierte, abwägende Auseinandersetzung führen und zu einem begründeten Sach- und/oder Werturteil kommen
Stellung nehmen	Beurteilung (→ *beurteilen*) mit zusätzlicher Reflexion individueller, sachbezogener und/oder politischer Wertmaßstäbe, die Pluralität gewährleisten und zu einem begründeten eigenen Werturteil führt
überprüfen	Inhalte, Sachverhalte, Vermutungen oder Hypothesen auf der Grundlage eigener Kenntnisse oder mithilfe zusätzlicher Materialien auf ihre sachliche Richtigkeit bzw. auf ihre innere Logik hin untersuchen

Nach: Niedersächsisches Kultusministerium (Hrsg.), Landtagsfassung – Kerncurriculum für das Gymnasium Schuljahrgänge 8 – 10 Politik – Wirtschaft, Hannover 2013, S. 24 f.

Um einen abwechslungsreichen und spannenden Unterricht auch in heterogenen Klassen zu gewährleisten, werden innerhalb der Aufgaben teilweise auch Operatoren verwendet, die im neuen niedersächsischen Kerncurriculum nicht explizit aufgeführt sind. Diese Operatoren sind jeweils einem der drei Anforderungsbereiche zugeordnet.

Bildnachweis

Agentur LAIF / Daniel Rosenthal, Köln - S. 126; Artothek, Weilheim - S. 80

Baaske Cartoons / Gerhard Mester, Müllheim - S. 68; Baaske Cartoons / Thomas Plaßmann, Müllheim - S. 71; Bergmoser + Höller Verlag, Aachen - S. 65; Andreas Buck, Dortmund - Einband

Kirill Chudinskiy - S. 85

ddp-images GmbH / AP, Hamburg - S. 39; Deutscher Bundestag, Berlin - S. 39; Deutscher Bundestag / Lichtblick, Achim Melde, Berlin - S. 15, 53; dpa Info-Grafik, Frankfurt - S. 90, 95, 110, 117, 125; dpa Picture-Alliance / CITYPRESS24, Grietsch - Einband; dpa Picture-Alliance / Andreas Gebert - S. 56; dpa Picture-Alliance / Sebastian Kahnert - Einband; dpa Picture-Alliance / Henning Kaiser - S. 6; dpa Picture-Alliance / Rainer Jensen - S. 36; dpa Picture-Alliance / KPA - S. 83; dpa Picture-Alliance / Wolfgang Kumm - S. 6; dpa Picture-Alliance / Kay Nietfeld - S. 42; dpa Picture-Alliance / Photo Alto, James Hardy - S. 102; dpa Picture-Alliance / Photoshot - S. 75; dpa Picture-Alliance / Stefan Puchner - S. 6; dpa Picture-Alliance / Wolfram Steinberg - S. 64; dpa Picture-Alliance / Julian Stratenschulte - S. 6; dpa Picture-Alliance / Süddeutsche Zeitung Photo, Robert Haas - S. 64; dpa Picture-Alliance / Armin Weigel - S. 51; dpa Picture-Alliance / Sebastian Wittmann - S. 6; dpa Picture-Alliance / Zentralbild, Ralf Hirschberger - S. 64

Fotoagentur CARO / Ruffer, Berlin - S. 142; Fotolia / Yuri Arcurs - Einband; Fotolia / Cartagena - S. 56; Fotolia / Gerd Gropp - S. 14, 53; Fotolia / Zauberhut - S. 9

www.amazon.de - S. 104; www.hannover.de - S. 57; www.wikimedia.org / Christopher Johnson - S. 113; www.wikimedia.org / Adrian Sulc - S. 15, 53; www.wikimedia.org / Zinneke - S. 14, 53

images.de / Kobal Collection, Jay Maidment, Berlin - S. 118; iStockphoto / amphotora - S. 78; / billnoll - S. 40; / blaneyphoto - S. 19; / chrisjo - S. 43; / Mike Clarke - S. 43; / Cosmonaut - S. 43; / Ola Dusegard - S. 43; / falcatraz - S. 19; / Freeze Frame - S. 43; / gradyreese - S. 40; / Jonny Greig - S. 40; / jaroon - S. 19; / Jorisvo - S. 54; / laflor - S. 40; / Linser - S. 124; / Leigh Schindler - S. 94; / TommL - Einband; / Forrest Woodv - S. 43

Keystone Pressedienst / Stefan Oelsner, Hamburg - S. 104

MAN Bus and Truck AG, München - S. 64; Erik Müller, Rottenburg - S. 29

Adam Opel AG, Rüsselsheim - S. 116

Photothek.net / Liesa Johannsson, Radevormwald - S. 54; Horst Pötsch, Die deutsche Demokratie, 4. Aufl., Bonn 2005, S. 48 - S. 33

Stefan Rürup, Münster - S. 119

Schulitz & Partner Architekten BDA + Ingenieure, Braunschweig - S. 38; Stadtarchiv Frankfurt/Oder / Bernhard Klemm - S. 104; Stadtarchiv, Wolfhagen - S. 10; Statistisches Bundesamt, Wiesbaden - S. 68

Thinkstock / BrandX Pictures - S. 92 (4); Thinkstock / iStockphoto - S. 64 (2), 87, 114; Thinkstock / Pixland - S. 114, 132; Thinkstock / Stockbyte - S. 132, 137

Vario images GmbH / Hörnlein, Bonn - S. 6

Wolfram Weiner, Eine Geschichte des Geldes, Insel Verlag, Frankfurt - S. 86; Götz Wiedenroth, www.wiedenroth-karikatur.de, Flensburg - S. 77; Wildner & Designer, Fürth - S. 19, 81, 89